KB180062

| 일러두기 |

1. 이 책의 외래어 표기는 대체로 국립국어원 어문 규정을 따랐다.
2. 나라 이름의 경우, '에스파냐'가 아닌 '스페인'으로 표기했다.
3. 본문의 하단 각주는 원작자의 것이며, 모든 미주는 옮긴이의 것이다.

Le photographe de Mauthausen

© ÉDITIONS DU LOMBARD (DARGAUD-LOMBARD S.A.) 2017, by Colombo, Rubio.

www.lelombard.com

All rights reserved

Korean translation copyright © 2020 Flight of Ideas Publishing Co.

This Korean translation is published by arrangement with Mediatoon Licensing through Greenbook Literary Agency.

이 책의 한국어판 저작권과 판권은 그린북저작권에이전시영미권을 통한 저작권자와의 독점 계약으로 생각비행에 있습니다.
저작권법에 의해 한국 내에서 보호를 받는 저작물이므로 무단 전재와 무단 복제, 전송, 배포 등을 금합니다.

마우트하우젠의 사진사

초판 1쇄 인쇄 | 2020년 6월 22일
초판 1쇄 발행 | 2020년 6월 30일

글 살바 루비오
그림 페드로 J. 콜롬보
채색 아인차네 란다
옮김 문박엘리
책임편집 손성실
편집 조성우
마케팅 이동준
디자인 권월화
용지 월드페이퍼
제작 성광인쇄㈜
펴낸곳 생각비행
등록일 2010년 3월 29일 | 등록번호 제2010-000092호
주소 서울시 마포구 월드컵북로 132, 402호
전화 02) 3141-0485
팩스 02) 3141-0486
이메일 ideas0419@hanmail.net
블로그 www.ideas0419.com

ⓒ 생각비행, 2020
ISBN 979-11-89576-60-0 03300

책값은 뒤표지에 적혀 있습니다.
잘못된 책은 구입하신 서점에서 바꾸어드립니다.

LE PHOTOGRAPHE DE
Mauthausen

살바 루비오 글
페드로 J. 콜롬보 그림
아인차네 란다 채색
문박엘리 옮김

생각비행

용어 해설

CNT: 전국노동자연맹(Confédération nationale du travail).

CTE: 외국인 노동자 회사(Compagnie de travailleurs étrangers).

JSU: 사회주의청년연합.

PCE: 스페인 공산당.

PSOE: 스페인사회주의노동자당.

RSHA: 나치 독일의 국가보안본부.

가라겐플라츠(Garagenplatz): 주요 수용소 앞에 차량 등을 세워놓았던 곳으로 소독하는 장소였다.

네벤라거(Nebenlager): 주요 수용소에 딸린 부속 수용소.

루프트바프(Luftwaffe): 독일 공군.

베어마흐트(Wehrmacht): 1935~1945년 나치 독일의 국방군.

비너 그라벤(Wiener Graben): 화강암 채석장.

빙켈(Winkel): 스페인 강제수감자와 절멸을 상징하는 파란색 삼각형 표식.

슈츠하프트라거퓌러(Schutzhaftlagerführer): 수용소 수감자를 담당하는 친위대 책임자.

슈트라프콤파니(Strafkompanie): 험한 임무를 부여받아 더 빨리 죽어나갔던 수감자 그룹.

스파니아커(Spaniaker): 독일 나치가 수용소의 스페인 사람들을 부르던 멸칭.

아펠플라츠(Appellplatz): 매일 두 번씩 수용소 수감자들을 점호하던 곳.

에르켄눙스딘스트(Erkennungsdienst): 감식과, 신원확인국.

에스에스-하웁트샤르퓌러(SS-Hauptscharführer): 나치 친위대 최고분대지도자.

오버샤르퓌러(Oberscharführer): 상급분대지도자.

카포(Kapos): 일반법 죄수들 중 다른 수감자 관리를 담당하던 죄수들.

코만도(Kommando): 수용소 내 작업반.

클라그마우어(Klagemauer): 통곡의 벽. 수감자들을 구타하고 고문한데서 비롯한 이름.

토텐콥프(Totenkopf): 나치 친위대의 배지.

팔쉬름슈프링어반트(Fallschirmspringerwand) 또는 "스카이다이버들의 절벽": 40미터 높이의 절벽. 이곳에서 수용소 포로들을 아래로 내던져 죽였다.

포샤카(Pochacas) 또는 포샤허(Poschacher): 화강암을 채굴하던 현지 기업 '포샤허'의 이름을 딴 '포샤허 작업반'에서 일한 스페인 소년들.

폴리티셰 압타일룽(Politische Abteilung): 정치부. 수용소 조직을 담당한 게슈타포의 한 분과.

폴크스스툼(Volkssturm): 국민돌격대. 1944년 히틀러에 의해 창설된 민병대로 16세부터 60세까지 유효 판정을 받은 남성으로 구성됨.

프론스탈라그(Frontstalag) 또는 스탈라그(stalag): 전쟁포로 수용소.

하웁트라거(Hauptlager): 주요 수용소.

힘러슈트라세(Himmlerstrasse): 정수리 부분의 머리를 밀어버리는 처벌. 탈주를 감행한 수감자들을 멀리서 구분하고 모욕하기 위한 용도였다.

머리말

역사가이면서 '동시에' 시나리오작가 노릇을 하기 어려울 때가 있다. 역사가는 철저히 사실에 근거하여 여러 출처에서 확인 가능한 사건들을 기술하는 데 역점을 둘 것이다. 시나리오작가는 어느 정도 알려진 역사적인 사건들을 가상의 이야기로 변형하기를 원할 것인데, 흔히 이 과정은 역사의 누락을 상상력으로 채울 것을 요구한다.

이런 갈등 상황의 관리가 더더욱 까다로운 이유는 기술된 사실들이 강제수용소 생존자라는 민감한 주제를 다루고 있기 때문이다. 신뢰할 만한 출처가 부족하지는 않더라도, 우리가 말하는 것과 같은 이야기는 검증될 수 없었던 증언들, 완결되지 않은 서사, 그리고 사실에 충실하다고 하더라도 수십 년이 지나버린 기억에 의존하는 경우가 흔히 있다. 게다가 문제의 생존자들을 우리가 대담하기란 대체로 불가능했다. 더욱 슬픈 사실은 자신의 이야기를 들려줄 이들이 더는 이 세상 사람이 아니라는 것이다.

페드로와 아인차네와 나는 사실과 가상을 구별하는 데 주의를 기울였다. 이런 연유로 독자들은 만화에 이어서 불행히도 실재했던 여러 가지 사항에 관한 상세한 재검토용 설명 기록을 보게 될 것이다.*

살바 루비오

* 이 시나리오는 그레고어 홀징어(Gregor Holzinger)와 랄프 레슈너(Ralf Lechner) (Archiv der KZ–Gedenkstätte Mauthausen), 마르가리다 살라(Margarida Sala, 카탈루냐 역사박물관) 그리고 로사 토란(Rosa Toran, Amical de Mauthausen y otros campos)의 재독을 거쳤다. 시나리오를 검토해준 데 대해 진심으로 감사한다. 각색과 축약이 불가피할 때를 제외하고는 그들이 준 조언과 수정사항을 고려했다.

"스페인 사람들을 죽이기가
가장 어렵다."

프란츠 치라이스(FRANZ ZIEREIS)[1],
마우트하우젠 강제수용소[2] 소장

* 별표가 달린 어휘에 대한 자세한 설명은 만화 끝의 관련 기록을 참고하기 바란다(110~166쪽).

자, 이젠 커피 한 잔을 사이에 놓고 서로에 대해 알아볼까요?

아하, 당신은 그런 부류의 사람이군요…

저는 "그런 부류의 사람"과는 다르다고 확신합니다, 세뇨리타[3]…

아아~ 당신만 제게 그런 말을 한 게 아니거든요! 그 사람들과 뭐가 다르죠?

음, 우선 저는 리포터랍니다. 또한 종군 사진기자였고요. 노래도 하고 기타도 연주할 줄 알아요. 게다가 엄청난 미남이죠. 뭘 더 원하시나요?

그만둘 마음이 없으시군요, 남다른 씨.

오, 그럼요! 단언컨대, 절대 그만두지 않아요.

좋아요. 성함이 어떻게 되시나요?

잘 들으세요. 제 이름은 프랑시스코, 프란세스크, 프란츠, 프랜시스, 프랑수아 그리고… 콜록… 파코.[4]

하하하! 알았어요.

프랑시스코 씨는 스페인에 가시나요?

그러고 싶… 콜록!

가고 싶지만… 콜록…
전 지금 누군가를
기다리고 있답니다.

누군가를?
혹시 여자인가요?

네.

아, 그래요.
예쁜가요?

훌륭하죠.
콜록.

젊어요?

아가씨
또래예요.

오호라, 그 여자가
마음에 들어요?

마음에 드냐고요?
세상 그 누구보다도 사랑하죠.

아~ 이제 알았어요.
다른 사람이나 찾아가요,
멍청이 같으니라고!

그렇게 냉정하게
굴지 말아요!
그 아가씨의
이름은 누리아[5].

제
누이랍니다.

누이라고요?
아, 실례했어요.
프랑시스코 씨!

저는… 마리안[6]이에요.
누리아 씨하고
다시 오시겠어요?

아마도…

KOOF 쿨럭
쿨럭! KOOF!
KOOF

근데, 지금
괜찮은 건가요?*

지금 내가 괜찮냐고?

KOOOF KOF 콜록
KOF
KOOOF KOOF
쿨럭 KOOOOOO
쿨~~~럭

과거 어떤 시기보다는 훨씬 더 괜찮은 셈이지…

오스트리아, 마우트하우젠. 1941년 1월 27일.

4일 동안 이동한 끝에 우리는 목적지에 도착했다.

라우스!!⁷

TAKA-TAKA-TAKA-TAKA
SSKKREEEE
철컹-철컹-철컹-철컹…
치익치이이이익~

스페인에서 도주⁸한* 사람들은 먼저 아리에주⁹의 베르네 수용소*에 감금되었다. 그곳에서 이미 수천여 명이 목숨을 잃었다.

아빠? 여기가 어디예요…?

라우스, 로트슈파니어!*¹⁰ 라우스!

베르네 수용소에서 프랑스인들은 자국의 표어를 일찌감치 잊어버린 듯했다. 자유, 평등, 그리고 그들의 바닥을 드러낸 우애마저!

라우스! 라우스! 로트슈파니어~

컹. 컹. 컹

이히 작트 "라우스"!!¹¹ "밖으로"라고 명령했다!!

하지만 그건 별개의 문제다.

악!! 아빠!

세트퐁¹²으로 이동된 사람들은 보주¹³에 있는 프랑스 군대의 28기 외국인 노동자 회사(CTE)와 "자발적으로" 합류했고, 거기에서 우리는 독일군에 의해 생포되었다.

일어서라, 인간쓰레기들아! 5열로 정렬! 바로 실시한다!

아빠? 아빠? 어디에 있어?

그 후 우리들은 벨포르¹⁴의 전쟁포로 수용소140에 이어 팔링보스텔¹⁵*의 포로수용소 저-B에 구금되었다.

우리는 나치 독일 국방군의 손에 떨어진 전쟁포로들이었다. 당시 상황을 고려하면 불평할 이유는 없었다… 하지만 그 뒤에 우리는 나치 친위대¹⁶에 넘겨졌다. …

안 돼, 안 돼!

쉿.
가만히 있어.

뭐 하는 거야?

우리 이제 내려야 해.

뭐라고요?
누구세요…?

유감스럽지만 우리 아무것도
할 수 없단다. 조용히 하고
내 옆에서 떨어지지 마.

앞으로, 행진!
실시!

4일 동안, 많은 사람이
이 열차에서 죽었다.*

긴 사망자 명단의
시작이었다.

한밤중에…

우리는 마우트하우젠의 마을*을
가로질러 갔다. 마을사람들은 분명
우리가 지나가는 소리를 들었을 것이다.

또 하나의 다른 운명이
우리를 기다리고 있었다.

그 광경은 우리 기억 속에
영원토록 새겨졌으리라.

마우트하우젠 강제수용소.

하이드리히[19] 분류에 따르면 "거의 재생불가능한"* 수감자에게 예정된 카테고리3[20]의 수용소.

이곳에선 아무도 살아서 나가지 못했다.

쾅

SLAM

아무도.

800명이 들어간 막사는 원래 300명 수용 예정의 공간이었다. 난방시설도 침대시트도 없었다. 게다가 창문은 밤새도록 열려 있었다.

루에!24 조용히!
"조용히!" 하라고 말했지!

그날 밤, 나는 자신에게 약속했다. 마테우와 함께 이곳에서 살아서 나가겠다고. 살아남아 누리아, 너를 다시 만나겠다고… 무슨 수를 써서라도!

나치 친위대는 우리가 할 일을 지정했다. 포로수용소에서 독일어 몇 마디를 익혔던 나는 통역사로 운을 시험해보기로 했다.

이히 빈 프란츠. 주 쉬 프랑수아. 아이 엠 프랭크. 소크 프란세스크. 소이 프란시스코 보이스.25 5185.

나는 스스로 한 약속을 지키기 어렵게 되었다. 마테우와 곧 떨어지게 되었다.

내 일도 시작이 좋지 않았다. 나는 비너 그라벤(Wiener Graben),* 즉 화강암 채석장에 배치되었다.

수용소에 먼저 온 스페인 수감자들이 만들어놓은 186단의 울퉁불퉁한 계단.* 슈트라프콤파니의 소재지이자 지쳐 죽을 때까지 돌덩어리를 나르도록 선고받은 수감자들의 현장.

그곳은 슈파체네거(Hans Spatzenneger)*26의 관할구역이었다. 우리는 그를 "톱혈귀"라고 불렀다. 얼굴 생김새와 인간의 피에 대한 그의 갈증 때문이었다.

"스카이다이버들의 절벽"*도 거기에 있었다. 400미터 높이의 낭떠러지. 그곳에서 매일 사람들이 공중으로 내던져졌다.

한편으로는 절망감 때문에 뛰어내리는 사람들도 있었다.

내 임무는 독일군이 스페인 사람들에게 외치는 모욕적인 말을 통역하는 것이었다. 그 일을 좋아하지 않았기에 내 방식대로 처리하곤 했다.

저 새끼에게 말해라. 망할 놈의 공산주의자라고. 일하러 돌아가지 않으면 죽도록 패주겠다고 해!

통역해!

이봐, 일어서야 해. 안 그러면 저 개자식이 널 죽일 거야. 넌 일어설 수 있어, 나를 믿어! 자!°

이따금 내 고향 사람들은 너무 지쳐서 일을 계속할 수가 없었다.

BANG!

탕!

아우슈비츠 수용소[27]에서 독일군은 가스를 사용했다. 마우트하우젠에서 그것은 "노역으로 인한 절멸"*이었다.

나는 그들을 돕고 싶었다. 하지만 채석장에서 생을 마칠 게 아니라면 최대한 빨리 거기에서 빠져나와야 했다.

어느 날, 사고가 발생했다.

스파니아커![28]

지겹다 지겨워, 이 씨팔놈!

그때 내가 왜 반응했는지 모른다. 어쨌든 반응을 해버렸다.

° 스페인어로 말한 내용.

이런 멍청한 놈…

뭐야 이거…?

이봐! 일어나야 해, 친구!°

하지만… 무슨 소용이…?°

잘 듣게! 내가 한 대 칠 테니, 얼른 달아나는 거야, 알았지?°

하지만… 나는… 나는 더 버틸 수가 없어…°

무슨 일이지…?

총에 맞기보다는 한 대 맞는 게 낫지, 안 그래?°

그래, 해봐!°

미안하네!°

아, 멍청한 스페인 새끼들…

저자한테서 간신히 벗어났군. 고맙네…°

천만에.°

너희 둘! 그만 일하지 못해!

° 스페인어로 말한 내용.

19

어이, 이봐! 기다려. 돌 하나를 들어.

자넨 무정부주의자인가? 아니면 공산당원이야?

공산당원이요. 바르셀로나[29]의 사회주의청년연합(JSU)*[30] 소속입니다.

좋아. 날 따라오게.

나도 당원이야. 우리는 중앙 수용소 21번 막사에 있어.

자네가 그 녀석 한 걸 봤어. 우리 같은 사람이 필요해. 자네 직업이 뭔

그게 저랑 무슨 상관이죠?

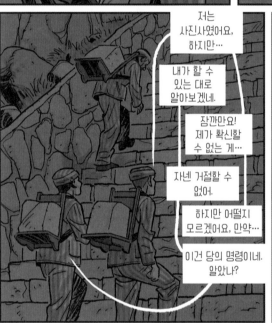

저는 사진사였어요, 하지만…

내가 할 수 있는 대로 알아보겠네.

잠깐만요! 제가 확신할 수 없는 게…

자넨 거절할 수 없어.

하지만 어떨지 모르겠어요, 만약…

이건 당의 명령이네. 알았나?

제게 선택권이 없는 거군요.

우리 중 누가 그걸 갖고 있나?

그의 말이 맞았다.

우리에겐 선택권도 없고…

그곳에서 빠져나올 최소한의 기회도 없었다.

며칠 뒤, 나는 수용소 2번 막사로 호출되었다.

그곳은 이른바 프로미넨텐(prominenten)*이 기거하는 곳이었다. 이들은 비서, 요리사, 미용사, 정비사 같은 직업을 가지고 일종의 특혜를 누리는 수감자들이다.

그들 중 상당수가 스페인 사람이었는데, 수용소에 먼저 도착한 사람들 중에서 봤던 사람들이다.

그들은 동향인들을 돕기 위해 최선을 다하고 있었다.

그곳은 공산당의 지하 사령부이기도 했다. 나는 거기서 조직의 수장인 카를로스를 소개받았다.

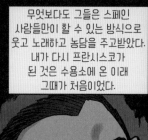

2번 막사에 온 걸 환영하네, 카탈루냐[31] 동지.

그곳 수감자들은 사기가 높았다. 그들은 음식물과 물품을 조직했고* 자신들이 살아남을 거라고 마음속 깊이 확신하고 있었다.

그들은 부패한 시스템을 이용하여 특혜를 얻었고, 수용소의 요직에 스페인 수감자들을 배치했다.

무엇보다도 그들은 스페인 사람들만이 할 수 있는 방식으로 웃고 노래하고 농담을 주고받았다. 내가 다시 프란시스코가 된 것은 수용소에 온 이래 그때가 처음이었다.

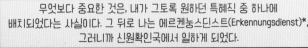

무엇보다 중요한 것은, 내가 그토록 원하던 특혜직 중 하나에 배치되었다는 사실이다. 그 뒤로 나는 에르켄눙스딘스트(Erkennungsdienst)*, 그러니까 신원확인국에서 일하게 되었다.

다시 한번 나는 사진사가 되었다!

나는 거기에서 로비라32를 만났다. 그는 안달루시아33 출신으로 희극배우이자 플라멩코 무용수였는데 수용소에서 제일 재미난 인물이었다.

파코, 난 자네가 지독한 거짓말쟁이에다 지금까지 카메라를 만져본 적이 없었다고 장담하네!

당신 또한 같은 이유로 여기에 배치되었다고 봅니다만, 아닌가요?

하, 하, 하! 아픈 델 찔렀군! 자, 현상소를 안내해주지.

신원확인국은 단순한 사진 현상소가 아니었다.

그곳은 게슈타포34를 위한 곳이었다. 공식적으로 그곳은 나 자신이 경험했던 것처럼, 수용소에 도착한 구금자들의 신원확인을 담당하는 곳이었다.

비공식적으로, 나치 친위대는 여자 친구들에게 보낼 자신들의 사진을 현상하게 했다.

공공연한 부패의 형태로, 자신들의 사적인 사진을 찍고 현상하게 한 것이다.

사진은 선전 도구로도 쓰였다.

그 사진들은 수용소가 믿을 만하며
살기 좋은 곳이라고 세상에 우기고 있었다.

그 사진들은 나치가 공장과 채석장에 보내던
안내서에도 재현되고 있었다.

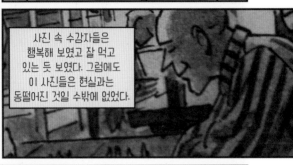

사진 속 수감자들은
행복해 보였고 잘 먹고
있는 듯 보였다. 그럼에도
이 사진들은 현실과는
동떨어진 것일 수밖에 없었다.

나는 에르켄눙스딘스트에
서 또 다른 인물을 만났다.

안녕하세요.
프란시스코라고 합니다.
새로 왔어요.

5185, 자네가 적어도
필름을 현상할 줄은
알았으면 좋겠군.

네, 그런데…

암실로 가서
바로 일을 시작해.

모레노[35]는 기이한 인물이었다.
말수가 적고 침울한 사람이었다.
혹자는 그가 겁에 질려 있다고 했다.

그는 늘 혼자였고 일만 했다. 언뜻 보면
일이 그가 사는 유일한 이유인 것 같았다.

하지만 얼마 지나지 않아 나는 그가
이상한 일에 가담하고 있음을 알아차렸다.

그는 현상소의 어느 누구도
볼 수 없는 "특별한 사진"을
현상하는 듯했다.

어느 날, 나는 마침내 에르케눙스딘스트의 책임자를 만났다.

자네인가, 5185?

파울 릭켄*³⁶, 전직 교수로 사진에 대해 식견이 있는 사람이었다.

이 작업은 자네가 한 걸로 보이는군.

야볼, 오버샤르퓌러³⁷.

자네는 재능이 있군.

무슨 말씀이신지요, 오버샤르퓌러?

대놓고 말하자면 문맹이나 마찬가지인 다른 친위대원들과 비교할 때, 릭켄은 인문적 교양을 갖춘 인물이었다. 자칭 예술 이론의 전문가라고 했다.

다른 자들은 아마추어일 뿐이군. 자네는 전문 사진사인가?

어릴 적엔 아버지를 도왔고 그 후엔 신문사에서 몇 년간 일했습니다, 오버샤르퓌러.

라이카³⁸로 일해본 적 있나?

언젠가 한번 빌려보았습니다. 사용하기 쉽거든요.

여기 현상 도구를 다룰 줄은 알겠지?

알아서 해나가기 시작했습니다.

잘됐군.

아주 잘됐어.

나는 당황해서 어쩔 줄 몰랐다.

릭켄은 파악하기 어려운 인물이자 강박적이었다. 사람들은 그가 너그럽지 않아 대하기 어렵다고 했다. 그런 그가 알 수 없는 이유로 내게 관심을 보이는 듯했다.

자네 작업을 가까이에서 지켜보지. 계속 나아진다면, 어떤 일을 자네에게 제안할 수도 있네…

나는 카를로스에게 모레노의 행동에 대해 말했다. 그도 나만큼 놀란 듯했다.

이상하군, 하지만 그건 신경을 써야겠어.

어쨌든, 저 친구한테서 눈을 떼지 말게. 믿을 수 없는 사람이야.

모레노는 다른 사람과 이야기를 나누는 법이 없었다. 그는 온종일 필름을 잡고 일하며 보냈다.

좋아. 저 친구가 뭘 꾸미고 있는지 밝혀보게.

그로부터 이틀 후, 기회가 왔다.

나는 온갖 수를 다 써서 그 사진들에 대해 알아보면서 그게 우리에게 어떤 영향을 줄지를 밝혀내야 했다.

하지만 이런 사진들을 찾아내게 될 줄은 몰랐다.

내가 왜 사진사가 되고 싶어 했는지를
떠올려보았다.

어릴 적에 사진은
분명 재미난 소일거리였다.

그러나 파시스트들이 스페인에서 전쟁을
일으켰을 때, 나는 사진이 진실의 수탁자가
될 수 있음을 깨달았다.

비록 이 사람들이 죽더라도, 그들의 진실과
기억은 내 사진에 영원토록 새겨질 테니까.

해산! 숙소로
돌아가라,
망할 빨갱이들아!

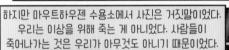

하지만 마우트하우젠 수용소에서 사진은 거짓말이었다.
우리는 이상을 위해 죽는 게 아니었다. 사람들이
죽어나가는 것은 우리가 아무것도 아니기 때문이었다.

비록 끔찍한 거짓말을 하는
것이긴 해도 내가 찾아낸
그 사진들은 우리를 영원한
존재로 만들 수 있었다.

왜냐하면 사진은 불멸을
부여하기 때문이다, 비록 우리가
마우트하우젠에서 죽더라도.

나는 결심해야만 했다. 특혜를
누리는 수감자로서 그 사진들을
그냥 잊어버릴 수도 있었다.
그리고 혹시라도 전쟁에서
살아남을 수도 있으리라.

하지만 그 경우, 내 인생은 거짓말이
되어버리고, 당연히 진실도 위태로워지겠지.

나는 뜻을 굳혔다.

그는 믿을 수 없어요. 소수의 용감하고 헌신적인 동지만이 이 비밀을 함께할 수 있을 겁니다.

맞네. 이론상으로는 좋은 계획이야. 하지만 자네가 체포되면 무슨 일이 일어날 거라고 생각하나?

어떤 일이 일어날지는 잘 알 걸세… 우리 중 수십 명은 죽겠지. 수백 명, 수천 명… 심지어는 모두 다. 그리고 우리가 누리는 특혜를 잃게 되겠지. 그 일이 정말로 그럴 만한 가치가 있다고 보나, 카탈루냐 친구?

그렇기 때문에 당의 허가를 요청하는 바입니다. 우리 중 한 사람만이라도 여기를 벗어나 사진을 배포할 수 있다면, 그럴 만한 가치가 있는 겁니다.

위험하다는 걸 알아요. 하지만 주위를 바라보세요. 우리는 이미 죽은 존재입니다.

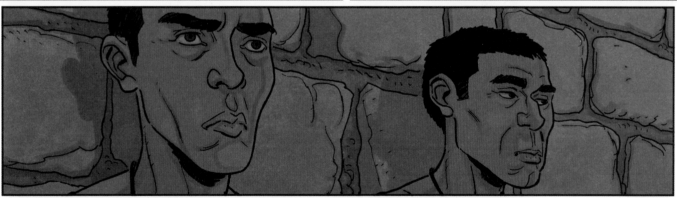

당의 명령은 공산주의라는 대의를 옹호하고 모든 수단을 동원하여 적들을 물리치는 것이야… 자네는 당의 지지를 받고 있네.

하지만 아무에게도 말하지 말게. 최소한의 수감자만 알고 있는 게 낫겠어. 자네 계획은 위험천만해.

나는 그 위험에 대해 분명히 알고 있었다. 하지만 위험을 무릅써야만 했다.

이게 무슨 소리인가? 내가 왜 교체되었지?

내가 뭘 알겠어요? 릭켄한테 물어봐요.

뭔가 이상해! 릭켄은 나를 완전히 신뢰하고 있어. 나쁜 놈, 너 내 자리를 훔치려고 누굴 매수한 거 아냐?

무슨 소릴 하는지 모르겠군요.

RASH 불끈

반드시 진상을 밝히고야 만다, 이 나쁜 놈아!

사실 몇몇 영향력 있는 사람들이 우리 신세를 지고 있었다.

그 후로 나는 모레노가 하던 일을 맡게 되었다.

일상적인 업무 외에 낮이건 밤이건 아무 때고 호출될 수 있네.

네, 오버샤르퓌러.

자네가 렌즈 앞에 놓이고 싶지 않다면 내 신뢰를 얻는 편이 좋을 거야.

자네는 장비를 나르고, 조명을 설치하고, 내가 촬영한 필름을 현상해야 하네. 그리고 누구에게도 발설하지 말게, 알았나?

야볼, 오버샤르퓌러.

얼마 지나지 않아 나는 그가 한 말이 무슨 뜻인지를 깨닫게 되었다.

수용소의 은밀한 체계는 여전히 작동 중이었다. 그 후로 나는 악몽에 시달렸다.

나는 비열하기 짝이 없는 나치의 거짓말 뒤에 감춰진 진실을 밝혀낼 심산이었다.

말로 다 표현할 수 없는 마우트하우젠의 공포 속으로 뛰어들 참이었다.

나는 첫 임무를 위해 진료소로 가야 했다. 공식적인 사망 원인은 심장발작이었다.

이 사람은 심장 한가운데 휘발유 주사를 맞았다. 그전에 많은 이들처럼.

의사인 하임[39]과 크렙스바흐[40]는 실험이라면 사족을 못 썼다.

많은 수감자가 끔찍한 고통 속에서 죽어갔다.

릭켄은 천천히 사진을 찍었다. 그것은 완벽해야 했다.*

35

하루에 몇 번씩은 채석장으로 갔다. 절벽 위에서 친위대가 밀어 던진 사람들을 촬영했다.

이 시체들은 "자살"로 분류되었다.

이상한 일이지만, 구타로 죽은 경우도 자살로 간주하는 데 대해 아무도 놀라지 않았다.

릭켄은 세부적인 것에 너무 신경을 쓴 나머지 때때로 내게 시체를 옮기라고 명령했다.

그는 완벽한 조명 아래에서 시체들을 촬영하길 원했다.

또한 구도와 의도에 맞춰 시체의 팔이나 다리를 움직이도록 명령했다.

마침내 나는 그 기이하고 예술적인 사진의 의미를 알아차렸다. 이 미치광이는 죽음을 예술로 승화시킨다고 확신하고 있었다.

이런 외출의 단 한 가지 긍정적인 면이라면,
수용소의 구석구석을 알게 되었다는 것이다.

수용소 간수들과 카포들은 릭켄이 나를 데리고
다니는 모습을 보았다. 덕분에 나는 어느 정도
행동의 자유를 누리게 되었다.

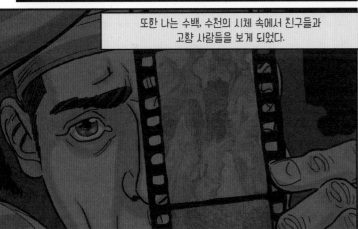

또한 나는 수백, 수천의 시체 속에서 친구들과
고향 사람들을 보게 되었다.

이 사람들을 불멸의 존재로 만들
기회를 마침내 갖게 되었다.

CLICK
딸각

이제 나치의 거짓말을 고발할
무기를 갖게 되었다.

진실이라는 무기를.

계획에 맞춰 필름을 빼낼
준비가 끝났다.

모든 것이 기록보관소에서
시작되었다.

그곳은 신원확인국에서 유일하게
작은 환기구가 있는 방이었다.

TIK-TAK TIK-TAK TIK-TAK
째깍-째깍

타이밍은
완벽해야 했다.

거의 정확한 시간.

베니토[41]는 그 꾸러미를
수령한 첫 번째 인물이었다.

수용소에서 그의 일은 일과가 끝날 무렵
세탁물 자루를 회수하는 것이었다.

표백실은 소독제와 화학제품들 냄새가 지독한 곳이어서 어떤 친위대원도 그곳에 나타나지 않을 터였다.

이와 이질에 옮을까 우려하여 오지도 않을 터였다.

그럼에도 불구하고 표백실이 가장 안전한 장소는 아니었다.

습도가 너무 높아 더 적당한 숨길 곳을 찾아야만 했다.

곧 이어서 2단계로 들어간다.

무시무시한 시체소각장.
친위대가 피하는 또 하나의 장소.

프리실리아노[42]가
소독할 옷을 찾으러 왔다.

호셉[43]이 방새도록
안전한 장소에
그 필름들을 보관했다.

그는 불가마를
작동시켜야만 했다…

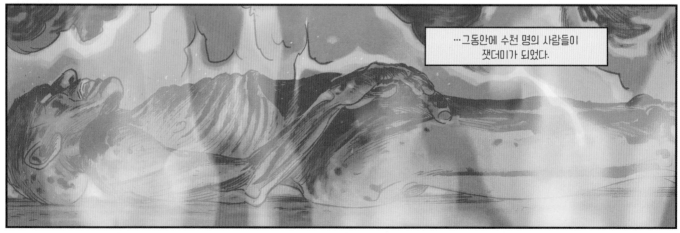

…그동안에 수천 명의 사람들이
잿더미가 되었다.

매일 아침 교대 전, 호셉은 자리에서 떠나도 되는지 허가를 받아야 했다.

출발 직전까지 그는 마지막 임무를 수행해야 했다.

소목장에게 가서 불을 피우기 위해 쓸 지저깨비를 회수하는 일.

목공소는 물건을 숨기는 데 이상적인 곳이었다.

필름을 숨길 곳이 수십 군데나 되고, 어디에 숨기더라도 손질할 수 있는 도구가 있어서, 한바탕 맹렬하게 뚝딱대면 그만이었다.

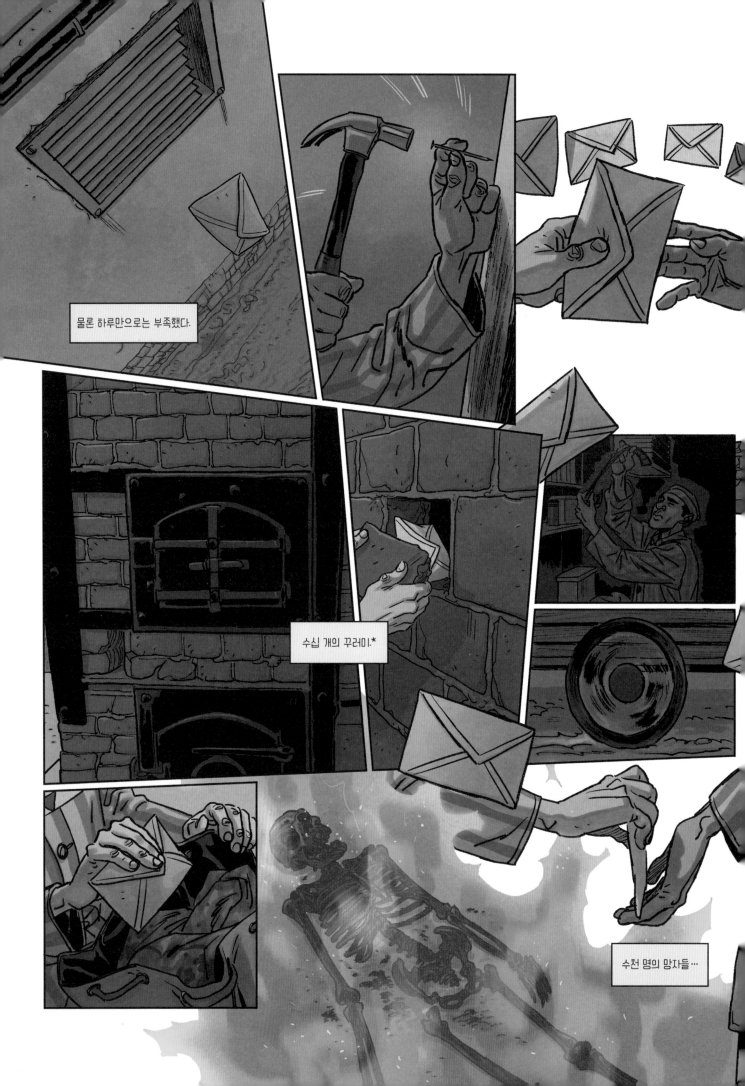

난 필름에 대해 알고 있어.
자네 미친 거 아냐?
모두 죽게 될 거야!

당신 일이나 하시지.
입 다물어. 그리고…

그래, 말이 나왔으니
말인데 그건 내 일이야.
혹시라도 저들이…

당신한테 분명히 말했어.
여기에 들어오지 마!
그리고…

넌 하나도 이해 못 했어.
난 이미 연루된 거란 말이야.
그건 내 일이야.
만약 그들이 냄새를 맡으면,
난 죽은 목숨이라고!

이건 공산당 지도자들이 승인한
집단 저항 작전이야. 마우트하우젠에서
저질러진 참혹상이 세상 사람들 눈앞에
드러나야만 해! 그게 우리 책임이야!

우리의 책임은 살아가는 거야.
우리는 특혜 받은 죄수들이야.
우리가 저자세를 취하면,
이 전쟁에서 살아남을 거야.

저자세를 취하라고?
아니, 당신은 "협조하라"고
말하고 싶은 거겠지.

필름을 빼돌리는 일은
그렇게 몇 주… 그리고
몇 달 동안 이어졌다.

우리는 필름 꾸러미를
내보낼 다른 방법들을
찾아냈다.

수용소 내부에 새로이
숨길 곳들과 함께.

필름 빼돌리기는 30차례나
더 조직적으로 집행되었다.

하지만 이 필름들은 시체들을
드러내고 있을 뿐이다.

그 어디에도 나치 친위대가 수감자를
처형하는 모습을 볼 수 없다.

결론적으로, 그들이 살상을 저질렀다거나 이 만행에 대해
알고 있었는지조차 증명하고 있지 않았다.

그러던 어느 날,
기회가 찾아왔다.

49

CLICK
찰칵

힘러[44] 본인.

이들은 채석장을 방문했고, 그곳에서
일어나는 일들을 보았고 인정했다.

그들은 몇 명의 시민을 동반했다.
나치[*45] 당원들과 채석장을 경영하는
친위대 기업의 직원들이었다.

그날 릭켄은 전력을 다해 일했다.
그 사진들은 우리에게 유익한 것이어서,
나는 최대한 공을 들여 인화 작업을 했다.

이
멍청한 놈!

네, 죄송합니다!
네!

호셉이 일을 마치고 목공소로 가다가 바크마이어와 부딪쳤다.
고의로 한 게 아니었다.

크르릉 크르릉
WHAF WHAF!

감히 날 건드리다니,
천한 빨갱이 새끼가!

잘,
잘못했습니다.
저는 그런 뜻이…

크르릉
WHAF
WHAF!

한층 더
곤란하게도…

호셉은 필름을
지니고 있었다.

사전에 우리에게
알리지 않다니!

우리 목숨을
위태롭게 했어!

이 미친 계획은
표결에 부쳤어야 해!

필름 빼돌리기를
당장 중단해야 돼!

사실은 순식간에 퍼져
결국 2구역 전체가 알게 되었다.

그 일에 연루된 다른 사람들은 합의했다.
차례차례 한 사람씩 나를 포기하기로…

나는 당의 명령을 따르겠어.
그게 어떤 것일지라도.
하지만 호셉처럼 끝장나고
싶지는 않아.

우린 이미 너무 많은 것을
알고 있어. 더는 안전하다고
느끼지 않아, 그래서
계속하는 데 반대하는 거야.

저들이 목공소를 면밀히
검사한다면, 숨긴 곳을
찾아내고 말 거야.
이건 언제라도
들통날 수 있어.

로비라만이 유일하게 나를 옹호했다.

우리가 한 일은 괄목할 만해.
어쩌면 중단해야 할지도 모르지.
하지만 무슨 수를 써서라도 그 필름들을
보관해야 한다는 게 내 의견이야.

나치는 전쟁에서 지고 있어. 지금은 대부분의 포로를 도착 즉시 죽이고 있어.

저들은 그걸 이제는 기록조차 하지 않아. 한순간의 주저도 없이 우리를 죽일 거야.

우린 신중해야만 해. 우리가 수용소의 주요직을 담당하고 있는 건 종전까지 살아남기 위해서야.

이건 당의 명령이야. 이 필름들을 모스크바에 보내야 한다고! 이게 나치에 맞서는 우리의 유일한 무기란 말이야

우리가 절멸한다면 그 필름들은 모스크바에 도달하지 못할 거야!

태워버려야 해!

진정해! 다들 조용히 좀 하세!

각자 의견을 밝히고, 며칠 후 위원회가 결정을 내리기로 했다.

믿을 수 없었다!

온갖 노력이 물거품이 되다니. 게다가 엎친 데 덮친 격으로⋯

제 생각엔 당이…

이봐, 더 이상 위험을 무릅쓸 수는 없어. 나치는 이번 전쟁에서 대패할 거야.

네, 이해해요…

미안하네, 프란세스크. 자네 지금 일을 계속하게. 릭켄은 자네를 좋게 보고 있어. 하지만 필름에 대한 해결책을 찾아내게. 며칠 말미를 주겠네, 알았지?

말이야 쉽지! 포로들의 처형이 증가하면서 나는 대부분의 시간을 릭켄과 보냈다.

그는 점점 더 나를 좋게 보았다. 그 덕분에 나는 몇 시간이나 예술과 죽음에 관한 사변적인 횡설수설을 다른 온갖 허튼 소리와 함께 듣고 있어야 했다.

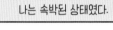

나는 속박된 상태였다.

로비라가 유일하게 내가 믿을 수 있는 인물이었다. 그는 우리 둘만이라도 계속할 것을 수락했다.

현상소에서 새 필름들을 감췄다가 시간을 벌어볼 참이었다. 그럴 시간도 모자라게 되었지만…

전세가 나치에 불리하게 돌아가는
것은 분명했다. 하지만 그게
우리에게 좋은 소식만은 아니었다.

수용소에 전쟁포로를 모두 수용할 수
없었기에, 특히 러시아 포로들의 경우
두 채의 뤼센라거[47], 즉 '러시아 포로들을
위한 수용소'에 수감되었다. 딱한 처지에
버려진 러시아 포로들은 그곳에서 기아와
질병으로 죽어갔다. 우리는 볼 장을
다 봤다고 생각했다.

나치는 "유령 트럭"도 사용하기 시작했다.
유령 트럭은 차량 배기관과 트럭 내부가 관으로
연결되어 있었다. 몇 킬로미터도 못 가
트럭 안의 포로들은 질식사하고 말았다.

수십 명의 수감자가 이른바 병원이라고 불리는
하르트하임성[48]으로 이송되어 신속하게 처형되고
또 화형을 당했다. 그런가 하면 수감자들은 구제[49]
부속 수용소로 이송되기도 했는데,
그곳의 수용 조건은 마우트하우젠보다 열악했다.

그 무렵 즉시 작동되는 가스실이
마우트하우젠 수용소에 들어섰다.

들려오는 소문에 러시아가 전쟁에서 이기고 있었다. 그래서 나치는 어느 누구보다도 그들을 두려워했다.

우리는 당황스러웠다. 우리는 해방될 수도 있고 몰살될 수도 있었다. 집단 탈출을 준비하느냐 아니면 반란을 일으키느냐가 문제였다. 하지만 공포가 우리를 주눅 들게 했다.

게다가…

모든 사진 활동을 중단하라는 명령을 받았다는 걸 자네에게 알려줘야 하네.

하지만 오버샤르퓌러…

필름과 인화물 그리고 자료보관소의 다른 모든 사진 자료를 즉시 폐기해야 하네.

모든 게 곧 불태워질 것이다. 우리가 빼돌린 필름만이 나치의 범행에 대한 증거가 될 것이었다.

나를 보자고 했나? 어떻게 할지 해결책은 찾았나?

네.

새로운 계획을 세웠어요. 필름들을 수용소 밖으로 내보낼 겁니다.

자네… 자네, 완전히 미쳤군. 카탈루냐 친구! 그게 어떻게 가능하단 말인가? 그리고 대체 누가…

누구요? 사실, 이미 점찍어둔 사람이 있어요.

안 돼, 안 돼, 안 돼…

안 돼!

있을 수 없는 일 같겠지만, 나치는 마우트하우젠 수용소 근처에 운동장을 만들었다. 거기에 축구장이 있었는데, 힘러는 스포츠가 사기를 북돋워준다고 생각했다.

나치는 자기네끼리 경기를 했는데 이따금 스페인 아이들을 참가시켰다.

그런데 이상하게도 그들은 스페인 사람들과 대결하는 법이 없었다. 나치조차도 스페인 축구 선수들이 무적이라는 것을 알고 있었다.

뭐야? 공을 또 잃어버렸어?

죄송해요, 한스, 제가…

안 돼요!

젠장! 내가 졸아서 때리는 게 아니라는 걸 너도 잘 알지. 조금만 주의하면 내가 야단치지 않아도 되잖아, 알겠어?

알았어요, 한스! 고마워요…

저 아이가 우리의 유일한 기회였다.

61

네, 독일인 한 분하고 잘 지내요.
그분을 포인트너
"엄마" [50]라고 불러요.

그 사람은 믿을 만하니?
정말 신뢰할 수 있을까?
사실을 말해줘.

암튼, 그분은 나치에게 어떤
의심도 사지 않을 거예요.
우리에게 먹을 것을
가져다주는 분이거든요.

형제분이 스페인에서
국제여단 [51]의 일원으로
싸웠다는 이야기도
들었어요.

남편은 사회주의자인데
게슈타포에게 고문을 당했고,
지금은 린츠 [52]에
수감되어 있대요.

제가 거기에
가도 될까요?.

어쩌면 그녀는 우리에 대해 더
알아보려는 나치일지도 모른다.

잠깐, 할 말이
더 있어.

하지만 상황을 고려할 때,
감수해야 할 위험이었다.

꾸러미 한 개를 수용소
밖으로 내보내고 포인트너
"엄마"에게 그걸
감춰달라고 부탁드리렴.

하지만… 프란세스크 형, 제정신이에요?

쉿, 잘 들어.

마테우, 이건 정말 중요한 임무야. 네 아버지는 공산당원이었어, 그렇지 않니?

네, 하지만…

내 말 잘 들어. 이번 임무가 위험하다는 걸 알아. 하지만 넌 내가 믿을 수 있는 유일한 사람이야.

꾸러미 안에 뭐가 들었어요?

넌 모르는 편이 나아.

사람들이 아마도… 죽게 될 거야. 만약 네가 발각된다면 말이야. 하지만 당과 우리를 위해서 이 꾸러미를 수용소 밖으로 보내 안전한 장소에 보관하는 일은 반드시 해야 해!

그치만, 그치만…

알겠지? 우리는 이 임무를 당의 이름으로 완수해야 해. 난 네 아버지가 우리 활동에 찬성할 거라고 확신해.

하지만 프란세스크 형, 당을 위해 희생되어도 괜찮은 생명이란 없다고 생각해요. 우리가 여기 있는 것도 나치가 그 반대로 생각하기 때문이지 않나요?

이 아이의 말이 옳다.

너무나 옳다! 대체 내게 무슨 일이 일어났지?

이 모든 게 진정 그럴 만한 가치가 있나? 당의 판단착오를 끝장내야 하나? 내 고집으로 너무 멀리 온 건 아닐까?

나는 결정을 내려야만 했다. 그리고 그렇게 했다.

난 네 목숨을 구했어. 넌 내게 빚을 진 거야.

너무해요. 프란세스크 형. 나한테 이런 일을 시킬 순 없어요. 무섭단 말이에요!

잘 들어, 이건 부탁이 아니야. 명령이야. 너한테 선택의 여지란 없어, 알았지?

알... 알았어요, 프란세스크 형.

좋아, 주의해서 들어. 며칠 후에…

난 자랑스럽지 않아, 누리아. 그날 내가 한 일은 평생 나를 괴롭히겠지. 마테우는 어린아이였을 뿐이니까. 하지만 난 옳은 결정을 했다고 확신해. 아무튼 그렇게 생각해…

수용소에서 출발했다.

프란츠, 자네에게 말했듯이, 나는 내 예술 세계에서 최종적 주제인 '불멸'을 다루기로 마음을 먹었네.

부르릉

WRRRROOOMM

때는 봄철이었어. 봄 내음은 너무나 상쾌하고 쾌적했지, 누리아.

예술가라고 하는 사람이면 누구나 불멸을 향해 가기 마련이야…

그만큼 사람의 살이 타는 냄새에 익숙해져 있었으니까.

수용소에서는 모든 것이 돌처럼 칙칙하고 밤처럼 어두웠어.

결론적으로 최종 주제에 도전할 테지.

모든 색채가 너무나 강렬해서 나는 눈이 아팠어. 마치 수년간 장님이었던 것처럼.

그 주제는 다름 아닌 죽음이야. 그리고 죽음을 극복하는 유일한 방법은 예술로 도전하는 걸세.

생명. 나치가 우리한테서 빼앗으려고 했던 게 바로 그거야. 우리가 힘을 다해 지켜온 것 말이야.

그렇기 때문에 나는 자네에게 이 특별한 영광을 부여하기로 결심했네.

릭켄 님… 죄송합니다만 무슨 말씀이신지 잘 모르겠습니다.

파울, 나를 파울이라 부르게.

프란츠, 자네는 수용소에서 유일하게 감수성이 예민한 사람이야. 자네는 진정한 예술가라네.

말씀을 계속하시죠… 파울.

자네는 내 예술의 목표를 이해할 수 있는 유일한 사람이야. 우리를 불멸의 존재로 만드는 것 말일세.

대체 무슨 말씀을 하시려는 거죠, 파울?

모델이자 주제에 대해 자네가 갖춘 자격으로, 자네는 예술가로서 나의 불멸에 기여할 커다란 영광을 획득했네.

나는 죽음을 재현할 거야… 자네의 죽음을. 예술은 우리 둘을 영원한 존재로 만들어줄 걸세.

자네의 죽음은 내 걸작이 될 거야, 프란츠.

네 꿈속에서나 그럴겠지, 이 나쁜 놈아!

한 가지는 분명했다.

나는 그날 죽지 않을 운명이었다.

다행히도 릭켄은 유치원 이래 주먹질을 해보지 않은 게 분명했다.

내가 조금 더 힘을 쓸 수 있었으면 했다.

죄다 형편없는 식단 탓이라고 생각하면서.

자, 방아쇠를 당기기만 하면 돼, 그뿐이야. 수용소의 모든 친구를 위해서. 모든 망자를 위해서.

마테우를 위해서. 아버지를 위해서. 그리고 누리아, 너를 위해서. 왜냐하면 지금은 나 아니면 저 사람이니까.

나는 재빨리 대책을 찾아내야 했다.

제가 당신의 사유를 좀 더 진척시켜 보죠, 파울.

어떻게 될까요, 죽음에 도전한 예술가의…

소재가 자기 자신이라면요?

그의 허약한 논리가 그를 그 자리에
못 박은 듯 고정시켜놓았다.

CLICK 찰칵
CLICK

CLICK 찰칵

CLICK 찰칵 CLICK CLICK

CLICK 찰칵 CLICK CLICK

나는 릭켄을 죽일 수 없었다. 총 소리는 사방
수 킬로미터 떨어진 곳까지 들릴 것이고 개들은
즉각 내 흔적을 찾아낼 것이다. 보복으로 수많은
스페인 수감자가 처형될 것이다.

게다가 룸친 필름들은 내 증언을 필요로 한다.

릭켄이 왜 날 살려두었는지 알 수 없었다.
그가 원한 대로 필름을 현상했던 유일한 사람이
아마도 나였지 싶다.

내일 아침, 평소처럼,
직접 내게 가져오도록.

이튿날, 릭켄은 사직하고 다른 수용소로
전근을 신청했다. 우리는 그를 다시 보지 못했다.
하지만 나중에 그의 소식을 듣게 되었다.

해가 뜨기 전에 아무도 내 계획을 위태롭게 하지 않도록 확인해야 했다.

이렇게 할 계획이에요.

자넨 정말 끝까지 갈 결심을 했군.

마지막 기회예요. 마테우가 배치된 포샤허 작업반(Kommando Poschacher)이 마을 채석장*에서 작업해요.

내일, 그 작업반이 공장 근처에 자리 잡기 위해 수용소를 출발할 겁니다. 수용소에서 필름을 내보낼 다시없는 기회죠.

그 아이의 친구인 포인트너 부인이 필름을 숨겨주기로 했어요. 우리가 여기서 나가지 않는 이상 그것에 대한 이야기는 아무도 못 들을 겁니다.

프란세스크…

이보게, 헛소리 좀 그만해!

절 지지해달라는 게 아니에요. 누군가 방해하지 못하게 막아만 달라는 겁니다.

70

프란세스크,
자넨 용감한 사람이고
또 훌륭한 공산당원이야.

하지만 아무리 정치라고
하더라도 그리고
심지어 어떤 때는 당의
명령이라고 하더라도
우리가 이걸 잊을 때가
있어. 즉 공산주의는
공동의 이익을 위해
일한다는 거야.

알아요.

그러니 무모한 계획을
포기하라는 얘기네.
필름을 불사르게,
어린애를 내버려두게,
살아서 종전을 볼 수 있게
우리를 내버려두게.

자네의 고약한 계획이
잘못되면, 여러 생명이
희생될 테니까 말이야.
그 경우엔 프란세스크…
내 손으로 자넬
죽일 수밖에 없을 거야.

이제 그만둘
준비가 되었나?

저를 오늘 죽이든
내일 죽이든 아무것도
바뀌지 않을 거예요.
계획은 예정대로
진행될 겁니다.

자업자득이야…

지금부터 자넨
혼자네. 잘 있게,
프란세스크.

혼자라, 아마도 나는
늘 혼자였다.
첫날부터 마지막 날까지.

해가 떠오르고 있었다.

9시.

나는 별 의미가 없는 필름들을 보관해두었다.
일이 잘못되면 폐기용으로 쓰기 위해서였다.

하지만 가장 위험한 것들은 반드시
수용소 밖으로 빼내고 싶었다.

로비라는 변함없이 나를 지지해주었고,
내가 믿을 수 있는 유일한 인물이었다.

긴장하지 마,
이건 애들 놀이야!

10시.

으헉!

뭐야,
이거…

안 돼!

뭐하는 거야?

아뇨…
아무것도!

내 앞에서 비켜,
인간쓰레기 빨갱이 자식!
난 중요한 일이
있단 말이야!

잘못했습니다,
잘못했습니다!

심장발작을 일으킬 뻔했다.
이 계획은 언제든
무너질 수 있었다…

휴, 간발의
차이였어!

10시 04분.

72

바로 그날, 마우트하우젠에 중요한 축구 경기가 벌어졌다.

친위대와 공군의 대결이었다.

당시 공군은 독일군 가운데 챔피언이었다.

10시 30분.

P

삐이이이이이익

하지만 친위대는 자신들이 압승을 거두리라고 확신하고 있었다.

마테우, 바로 신을 수 있게 내 신발을 깨끗하게 해줘. 혹시 현장으로 복귀해야 할지도 모르니까 말야.

네, 한스!

평소와 마찬가지로, 친위대는 어떠한 페어플레이도 보여주지 않았다.

○ 스페인어로 말한 내용.

삐이이이이익

자, 자…!

넌 할 수 있어, 마테우!

진정해!
조금만 더 기다려!

삐이이이이익

골인!

지금이야!

에잇!

FRSH!
슉!

마테우!
마테우! 복귀할
시간이야!
내 신발은
어디에 있어?
마테우!!

여기요,
한스, 여기!

거의 성공이었다. 그러나 믿기지 않겠지만
가장 어려운 일이 아직 남았다.

15시 27분.

제군들, 오늘 아주 잘했다…
마우트하우젠에
작별 인사를 해라!

잠시 후면 위험천만하게 감행한 일들이
헛수고가 되는지 여부를 알게 될 것이다.

15시 32분.

너만 믿는다,
마테우.

15시 33분.

지금이야!

15시 34분.

그런데 놀랍지도 않게…

친위대는 달아난 뒤였고 폴크스스톰(Volkssturm)의 늙은 소방수 몇 명만 남겨놓았다. 그들은 아무런 저항도 하지 않았다.

이제부터 우리는 무장을 하고 친위대가 돌아올 경우에 맞서 우리를 지킬 수 있게 되었다.

그리고 나는…

사진기를 갖게 되었다! 나는 다시 한번 사진사가 되었다.

탱크다! 탱크야!

순식간에 사건이 연달아 일어났다.

서둘러서 현수막을 완성하세. 저들은 어느 군대 소속인가?

나는 준비된 상태여야 했다!

과거 어느 때보다 더…

내가 보기에 저들은…

AN A LAS FUERZAS. LIBERAD
ские антифашисты
приветствуют освободителей
RAS

스페인 내전 막바지 무렵과 비교하면 프랑스인들의 처우가 나아졌음을 인정해야 했다. 며칠 동안 우리는 정말 좋은 시간을 보냈다!

그러나 불행히도, 호시절은 한때다.*

카를로스, 내가 필름을 가지고 있어요. 그래서 말인데 일간 만날 수 있을까요? 그리고…

그 사진들은 잊어버리게, 프란시스코. 우린 죽은 거나 마찬가지야.

그게 무슨 말이죠?

우리는 사형을 선고받았어.

뭐라고요?

공산당이 수용소 생존자를 나치 부역자로 간주하고 있네.

뭐라고요? 대체 그게…

스탈린에 의하면, 우리의 의무는 싸우다 죽는 거였어. 살아남은 것은 곧 배반이라는 얘기지.

도대체 믿을 수가 없군요! 그들은 이해하게 될 겁니다. 만약… 만약 그들이 이 필름들을 본다면…

프란시스코, 그들은 사진에 관심이 없다네.

게다가 작센하우젠[60]이나 부헨발트[61]처럼 몇몇 나치 수용소는 현재 러시아인들이 장악했어. 이 상황을 어떻게 봐야 할지 모르겠네. 프란시스코… 부탁이네, 이제 그만 가게.

나 또한 마찬가지였다. 대체 어떻게 이해해야 할지 알 수 없었다.

전쟁이 끝나면 누구도 고통받지 않을 거라고 믿었다. 그런데 지금 극도의 공포감을 퍼트리고 있는 것은 다름 아닌 내가 속한 당이었다.

나는 아연실색했다. 이제 와서 우리가 이런 취급을 받게 되다니, 그토록 억척스럽게 투쟁한 게 다 무슨 소용이란 말인가?

물론, 이해합니다. 감사합니다.

게다가 다른 수용소의 수많은 사진이 전 세계 언론을 통해 이미 게재되었다.

내가 가진 사진들이 실리더라도 우리 이야기에 관심을 가질 사람은 별로 없을 듯했다.

나는 5000명의 목숨을 쓸데없이 위태롭게 했던 것이다. 로비라와 호셉의 죽음도 헛된 것이 되었다. 마우트하우젠 수용소에서 죽은 수만 명의 수감자들은 기억 속에서 사라지고 잿더미로 변할 것이다. 나치들이 그렇게 원했던 것처럼.

게다가 스페인 생존자들은 고향으로 돌아갈 수도 없었다. 연합국은 스페인을 침공하여 프랑코[62] 정권을 무너뜨리는 것을 거절했다.

FRANCO RENFORCE SON GOUVERNEMENT FASCISTE EN ESPAGNE

프랑코, 스페인에서 파시스트 정부를 공고히 하다

대중의 무관심 속에 파시즘이 유럽에서 다시 번져나갔다. 러시아인들은 새로운 적이 되었다.

저마다 전쟁담을 늘어놓는 사이에 사람들의 삶은 정상화되었지만, 스페인 사람들은 예외였다. 우리는 고향으로 돌아갈 수도, 가족을 다시 만날 수도, 평화롭게 살 수도 없었다.

누리아, 너와 다시 만나기를 고대한다만 이런 상황에서 그 약속을 어떻게 지킬 수 있겠니?

RING-RING

따르릉-따르릉

그런데 더 나쁜 일이 닥쳤다.

90

무엇을 할 것인가? 스페인으로 돌아갈 수는 없다. 그곳에서는 고문당하고 처형될 것이다. 그래도 남미로 망명할 수는 있다…

프랑스어를 좀 하니까 파리에 계속 머물 수도 있다.

구인 공고를 잘 찾아보면 사진기자 일자리를 찾을 수도 있겠지.

나는 내 눈을 믿을 수가 없었다!

LES PROCÈS DE NUREMBERG

뉘른베르크 재판[63]

SUR LE POINT DE DÉBUTER

개봉박두

LES DIRIGEANTS NAZIS BIENTÔT EXÉCUTÉS

나치 수장들 처형 임박

LES TÉMOINS DE L'HOLOCAUSTE RACONTENT

홀로코스트 증인들 발언하다

사람들이 나치를 재판하다니! 증거와 증인과 고소인이 필요하다고!

내가 가야 할 곳이 바로 이곳이다! 나는 증언해야 했다!

사람들은 분명 이 필름들을 보고 싶어 할 것이다!

1946년 1월, 나는 뉘른베르크행 기차를 탔다.

움직이지 마세요! 햇빛이 곧 사라질 테니까요.

CLICK
찰칵

뭐라고요?

CLICK 찰칵

그녀는 아주 아름다웠다. 나는 그런 기회를 놓칠 수 없었다.

모델 같다는 말을 이미 들어보셨죠?

오, 그거 라이카네요?

예? 뭐라고요?

라이카 III B 카메라 맞지요? 보아 하니 1940년 출시된 특제품이네요!

그걸 어떻게 아시죠…?

저도 한때는 사진사였어요.

뭐라고요?

그녀도 공산당원이었다. 하지만 우리는 전쟁에 관해서는 이야기하지 않았다.

우리는 사진과 가족, 여행, 그리고 우리의 꿈에 관해서만 이야기를 나누었다.

여인과 다시 이야기하는 것이 신기하면서도 즐거웠다. 수용소의 공포가 전혀 없었던 것처럼…

93

다음 날 역에서 나는 그 여인을 시야에서 놓치고 말았다.

제기랄!

어쨌든 나는 분명한 임무를 위해 여기에 왔다…

진실을 말하는 것.

당신은 증언할 수 없습니다.

뭐라고요? 이해를 못 하셨군요. 나는 마우트하우젠 강제수용소의 포로였어요. 내겐 필름이 있습니다. 나를 들어가게 해주셔야 해요.

불가능합니다. 당신은 프랑스 시민이 아닙니다. 당신은 스페인 사람입니다.

스페인은 파시스트 국가입니다. 파시스트 국가 거류민이 나치를 고소한 법정에 와서 증언해야 한다고 생각하지 않습니다.

내가 파시스트라고요?! 나는 스페인 망명자입니다…. 나는 프랑스에서 체포된 뒤 독일에서 수감되었어요. 나에겐 권리가 있습니다.

잘 들으세요. 물러나지 않는다면 당신을 쫓아내겠어요…

당신은?

그 사람이 법정에서 증언하게 하세요!

바이앙-쿠튀리에[64] 여사님!

94

때가 왔다. 나는 완벽하게 준비된 상태였다.*

제프리 로런스[66] 재판장(영국)

이름이 무엇입니까?

프랑수아 부아.

프랑스인입니까?

스페인 망명자입니다.

증인은 다음 선서문을 따라 해주십시오.

"나는 증오와 공포를 배제하고 모든 진실을, 오로지 진실만을 말할 것을 맹세합니다."

증인은 프랑스군 지원병으로 참전했습니까?

네.

증인은 전쟁포로였나요? 아니면 정치범이었습니까?

전쟁포로입니다. 그러나 스페인 공화파는 유대인들과 함께 "운터멘셴"(열등 인류)[67]으로 분류되었습니다. 나중에 알게 된 것은 독일인들이 스페인 내전 포로들로 무엇을 할지를 프랑코에게 물어보았다는 것입니다. 프랑코의 대답은…

별로 중요하지 않습니다.*

재판장이 정말 "별로 중요하지 않다"라고 한 건가?!

당신의 역할은 무엇이었나요?

독일군이 하는 온갖 야만스러운 말을 스페인 포로들에게 통역해야 했습니다. 그다음에는 사진사로 일했습니다. 수용소 도처에서 찍은 필름을 인화해야 했습니다. 그 사진들은 수용소에서 일어난 일들을 드러내고 있습니다.

증인은 필름들을 소개하기 위해 왔습니다. 어떤 조건에서 그리고 어디에서 사진이 촬영되었는지를 말씀하세요.

네.

발언권은 프랑스인 차장검사 뒤보스트 씨[68]에게 있습니다.

문서번호 RF-331(F-321)을 증거자료로 제출합니다.

부아 씨, 더 이상 지체하지 말고 필름들을 확인해줄 것을 요청합니다.

이 장소는 어디입니까?

마우트하우젠 수용소의 채석장입니다.

어디에 계단이 있습니까?

저 밑에요.

층계가 몇 단입니까?

186단.

다음 사진으로 넘어가겠습니다.

이것은 채석장 위에서 떨어진 사람의 시신입니다.

이 사람은 슈트라프콤파니에 배치되었습니다. 거기에서 그는 80킬로그램짜리 돌덩이들을 지칠 때까지 운반해야 합니다. 살아 돌아온 사람은 거의 없습니다. 그리고…

감사합니다. 다음으로 넘어가겠습니다.

이 상황은 뭐지? 왜 이렇게 서두르는 거야?

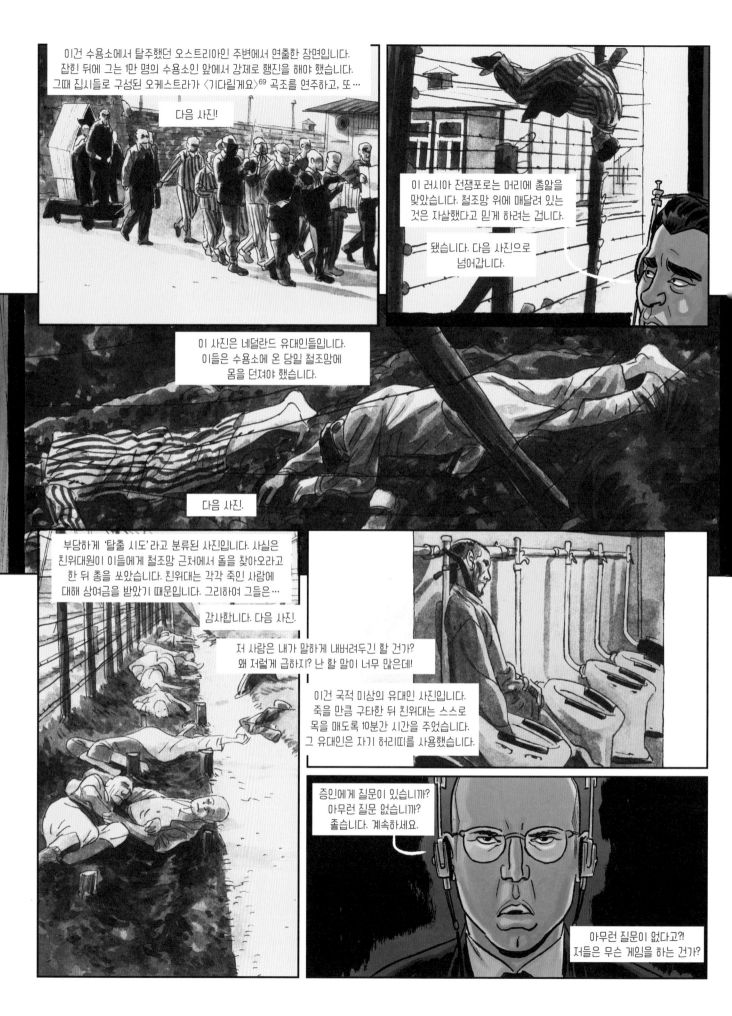

이건 수용소에서 탈주했던 오스트리아인 주변에서 연출한 장면입니다. 잡힌 뒤에 그는 1만 명의 수용소인 앞에서 강제로 행진을 해야 했습니다. 그때 집시들로 구성된 오케스트라가 〈기다릴게요〉[69] 곡조를 연주하고, 또…

다음 사진!

이 러시아 전쟁포로는 머리에 총알을 맞았습니다. 철조망 위에 매달려 있는 것은 자살했다고 믿게 하려는 겁니다.

됐습니다. 다음 사진으로 넘어갑니다.

이 사진은 네덜란드 유대인들입니다. 이들은 수용소에 온 당일 철조망에 몸을 던져야 했습니다.

다음 사진.

부당하게 '탈출 시도'라고 분류된 사진입니다. 사실은 친위대원이 이들에게 철조망 근처에서 돌을 찾아오라고 한 뒤 총을 쏘았습니다. 친위대는 각각 죽인 사람에 대해 상여금을 받았기 때문입니다. 그리하여 그들은…

감사합니다. 다음 사진.

저 사람은 내가 말하게 내버려두긴 할 건가? 왜 저렇게 급하지? 난 할 말이 너무 많은데!

이건 국적 미상의 유대인 사진입니다. 죽을 만큼 구타한 뒤 친위대는 스스로 목을 매도록 10분간 시간을 주었습니다. 그 유대인은 자기 허리띠를 사용했습니다.

증인에게 질문이 있습니까? 아무런 질문 없습니까? 좋습니다. 계속하세요.

아무런 질문이 없다고?! 저들은 무슨 게임을 하는 건가?

98

나는 어떤 국적도, 어떤 군인도, 어떤 사고도 잊지 않도록 증언에 주의를 기울였다.

때로는 사람들을 가스실로 보냈고… 또 다른 때는 사람들을 총살하거나 아니면 얼음물에 빠트렸습니다.

하지만 나는 이상한 기분이 들었다.

모든 지식인이 그런 취급을 받았습니다… 그들은 기진맥진한 상태가 되었습니다… 그들은 너비 9미터, 높이 50미터의 막사에서 지냈습니다. 막사당 1600명이 들어가 있었습니다…

시간이 지날수록 점점 커져만 가는 이상한 기분.

때는 11월이었고 영하 10도가 넘었습니다. 역에서 마우트하우젠 수용소까지 4킬로미터를 걷는 동안, 24명의 포로가 목숨을 잃었습니다. 그들은 힘이 다했던 겁니다… 절멸 절차가 시작된 것은 그때부터였습니다.

그들은 내 이야기를 듣고 있지 않았다.

사람들을 끔찍한 조건에서 일하게 했습니다… 때리고 죽이고 욕을 했습니다… 마지막 날까지. 사람들을 온갖 방법으로 학살했습니다.

어쩌면 그들은 들을 만큼 들은 건지도 모른다. 그들에게 이건 요식행위에 불과한 건지도 모른다. 그럴지만 나는 그들의 선의가 어떻든 상관없이 내 말을 듣고 있지 않음을 확신했다.

재판장님, 다른 사진들을 보여주십시오.

계속하세요.

사진이 필요했던 것이다! 우리의 희생을 세계에 드러내기 위해서가 아니라…

단지 한 사람을 처형하기 위해서 말이다.

상황이 분명히 이해되었다. 나는 모든 나치와 함께 저 인간이 죽기를 원했다.

하지만 내가 여기 온 것은 고통받고 죽임을 당한 포로들에 대해 말하기 위해서였다. 나는 사람들이 경청할 것을 기대했다.

부아 씨, 이 필름들을 어떻게 입수했습니까?

훔쳤습니다.

이것들은 누가 촬영했습니까?

친위대 상급분대지도자[71]인 릭켄입니다. 그가 사진을 찍는 동안 저는 조명을 담당해야 했습니다. 그는 이 사진들에 대해 아무에게도 이야기하지 말라고 명령했습니다. 이에 대해 알게 된 자는 누구나 즉시 처형될 것이니까요.

결과를 염려하지 않고 저는 이 일을 제 동지들에게 이야기했습니다. 그들 중 한 사람이라도 수용소에서 나가게 된다면, 우리가 겪은 참상을 세상에 밝힐 수 있을 테니까요.

장황하게 이야기하지 말고 질문에 간단히 대답하세요. 증인은, 그들이 당시 일어나고 있는 일에 대해 알 수 없었다고 생각하나요?

그건 불가능합니다. 장님이 아니고서야 수용소에서 일어나는 일들을 보지 못할 리가 없으니까요! 저자들은 짐승이고 야만인이고 살인자들이었습니다. 그렇게 누구나 알고 있었습니다.

당신의 증언에 따르면,
이 수용소는 절멸수용소[72]였는데,
제가 이해한 게 맞습니까?

마우트하우젠은
카테고리3의 수용소입니다.
즉 살아서는 밖으로
나올 수 없는 곳입니다.

마지막 질문입니다.
수용소 당국은 감금인들에게
종교생활을 허용했습니까?

대체 이게 무슨 말인가?! 내 증언을 듣고서
어떻게 이런 질문을 할 수 있지?

이해를
못 하시는 겁니까?
우리는…
우리는 생존권조차
없었습니다!

생존…

더 이상
질문 없습니다,
재판장님.

다른 변호사들은
증인에게
질문하시겠습니까?

질문 없습니다.

질문 없습니다.

질문 없습니다.

뭐라고?
질문이 없다고?
대체…

증인은 자리에서
물러나 이동해주십시오.

이 법정에서 원하신다면 제게는 보여드릴 사진이 수천 장 더 있습니다!

더 이상의 사진은 불필요합니다. 무엇을 추가하고 싶습니까?

저는… 저는…

무엇을 추가하고 싶으냐고? 추가할 게 너무나 많아 나는 어디서부터 시작해야 할지 몰랐다…

제가…

제가… 제가 아는 모든 것을 진술하려면 한 달은 더 필요합니다. 저는… 저는 다만 우리의 이야기를 하고 싶었습니다.

우리는 충분히 상세하게 들었다고 생각합니다. 이 법정에서 다른 것을 더 원한다고 생각하지 않습니다.

우리는 가능한 한 속히 기소하여 증인들이 프랑스에 안전하게 귀환하기를 바랍니다.

강제수용소 책임자인 칼텐브루너는 내 증언과 훔친 사진 덕분에 교수형에 처해질 터였다.

하지만 그딴 시체 하나 늘어난 게 무슨 가치가 있단 말인가?

빌어먹을. 질렸다, 질렸어! 아무도 우리 이야기를 듣지 않아!

프랑시스코…

대체 저자들이 원하는 게 뭡니까? 이 법정이 무슨 소용이에요? 이게 뭔데, 정의를 위한다고요?

제 말 좀 들어봐요, 저는…

저들은 우리가 단지 보복을 원한다고 생각하는 겁니까? 그게 아니면 단지 대서특필을 하고 싶은 겁니까?

당신 말이 맞아요, 하지만…

나치 몇 명을 교수형에 처하는 게 저들의 사건 정리 방식인가요? 그걸로 우리가 복수했다고 안도하고 행복해할 거라고 생각하는 건가요?

제발, 제 말 좀 들어보세요…

제가 저 사진들을 가져오기 위해 통과했던 지옥을 당신은 상상도 할 수 없을 거예요. 그런데 저 사람들은 진실을 듣기를 거부한 겁니다.

"진실"이라…

그래요, 진실이요! 우리가 증인이에요! 우리는 거기에 있었고, 살아남았어요! 저들은 우리 이야기를 들어야 해요. 우리는 사진도 가지고 있어요!

진실이라고요… 아, 가여운 프랑시스코…

아니, "가여운" 프랑시스코라니요?

당신은 "진실"에 대해 말하지만, 대체 뭐가 진실이죠, 프랑시스코?

"진실"은, 수용소에서 일어난 일들, 바로 그거죠. 당신은 그곳에 계셨으니 제가 더 알려드릴 건 없습니다.

그래요, 저는 거기에 있었고 모든 것을 보았어요. 하지만 당신이 이해하지 못한 게 한 가지 있어요.

대체 그게 뭐죠? 바이앙-쿠튀리에 여사님?

저들은 우리 이야기를 듣긴 하지만… 아마도 결코 이해하지 못할 거예요.

왜죠?

언젠가 우린 다시 만날 거야.

기억하지? 나는 네게
그렇게 약속했어.

비록 오래되었지만.

콜록.

왜냐하면, 네가 알 듯이…

나는 결코 포기하지 않을 테니까.

수용소에 억류되었던 9328명의 스페인 사람 가운데
7532명이 마우트하우젠 강제수용소에 있었다.
4816명은 살해되었다*.

수용소 밖으로 나온 필름 2만 장 가운데
거의 1만 9000장을 찾아내지 못했다.

프랑시스코 부아는 그로부터 얼마 지나지 않아 사망했다.
그의 나이 31세였다.
그는 누이동생 누리아를 다시 만나지 못했다.

* 이 수치는 입증된 건에 한해 인용했음을 염두에 둬야 한다. 실제로는 더 많을 가능성이 있다.

역사적 자료

차례

본론에 들어가기에 앞서 전체 순서를 밝히겠다. 스페인 등장인물의 경우, 프랑시스코 부아(Francisco Boix)만이 수용소 포로 가운데 실존했던 인물이다. 다른 인물들은 허구적 존재로 특정인을 재현하지 않는다. 필름을 빼내는 데 참여한 포로 각자의 역할을 정확히 재현하기란 불가능했기에, 우리는 부아에 국한하기로 했다. 어떤 등장인물이 실존한 포로를 닮았다면, 그것은 —강조해서 말하지만— 순전히 우연의 일치일 뿐이다. 그럼에도 불구하고 우리가 존경의 마음을 담아 포함시킨 또 한 명의 실존 인물이 있으니 마리-클로드 바이앙-쿠튀리에(Marie-Claude Vaillant-Couturier)다. 그녀와 부아의 만남은 사실로 확인되었다. 다만 그 만남의 구체적 내용은 우리의 상상으로 그려낼 수밖에 없었다.

반면 우리는 실존한 나치들은 최대한 재현했다. 즉 칼텐부르너, 바크마이어, 릭켄, 치라이스, 슈파첸네거, 힘러 등은 범죄자로 살다 죽었으며 역사에 의해 그렇게 평가되는 것이 마땅하다. 단 하나 예외는 한스(Hans)인데, 그는 서사의 명확성을 위하여 고안한 가상의 인물이다.

이 기록은 특히 베니토 베르메호(Benito Bermejo)와 카를로스 에르난데스 데 미겔(Carlos Hernández de Miguel)의 글에 근거를 두고 있다. 그렇다 하더라도 의혹과 논란과 오류 또는 불명확한 해석의 여지가 있다면, 그것은 전적으로 시나리오작가인 내 책임이다.*

살바 루비오

ⓒ 사진의 저작권과 출처
119~123, 128, 130, 132~136, 142, 144~145, 148~149, 151, 155~159, 162, 163쪽: Amical de Mauthausen. 115, 116, 119, 148, 162쪽: Arxiu Nacional de Catalunga. 114, 143, 146, 149, 151, 152, 157~161, 164쪽: Benito Bermejo. 130쪽: Mauthausen Archives. 저자와 편집자는 각 사진의 출처를 정확히 밝히는 데 유의했다. 만약 오류가 있다면 주저하지 말고 우리에게 알려주기 바라며 재판 발행 시 반영할 것이다.

서론

아카데미아 히스파니아에서 학생 시절의 부아
(바르셀로나, 포블레세크[73])

부아와 가족: 아버지 바르톨로메우[74], 어머니
안나[75], 의붓누이 훌리아[76], 누나 로사[77],
그리고 막내 누리아.

프랑시스코 부아는 1920년 바르셀로나의 서민 거주지역인 포블레세크에서 태어났다. 이곳은 그가 스페인 공화파에 몸을 담게 되는 진정한 근원지다. 극좌파인 아버지의 아들로 태어나 일찍 카탈루냐의 사회주의청년연합(JSU)에 가입했다. 스페인 내전이 발발한 1936년에 부아는 공화파 군대에 참가했으나 패전 후 망명길에 오르는 것 외에는 선택의 여지가 없었다.

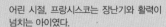

바르셀로나, 몬주익[78]에서 프랑시스코와
누리아.

어린 시절, 프랑시스코는 장난기와 활력이
넘치는 아이였다.

1938년 초, 오스카[79] 전선을 방문한 부아. 그가 쓰고 있는 장교 모자와 평소 무기 다루는 모습으로 사진 찍기를 즐겼던 점을 고려하면, 이 사진은 장난스러운 모습을 담은 것으로 보인다.

청년 부아와 그레고리오 로페스 라이문도[80]. 스페인 내전 중 바르셀로나 카탈루냐 광장 소재 사회주의청년연합 본부에서.

10쪽에서 프랑시스코는 보이스오버[81]로 **스페인 내전**을 피해 프랑스로 망명한 여정을 회상한다. 그런데 프랑코가 이탈리아와 독일과 포르투갈 그리고 모로코의 군사적 지원을 염두에 두었던 사실을 알면서도 당시 스페인 전쟁을 여전히 "내전"이라고 규정할 수 있을까?

그 전쟁의 마지막 날들은 그야말로 인도주의가 파괴된 대재앙의 현장이었다. 50만이 넘는 스페인 망명객이—그중에 안토니오 마차도[82]도 있었는데 그는 망명길에 오른 지 얼마 지나지 않아 사망했다—프랑스에 도착했다. 망명객들을 자국 영토에 받아들이기를 거부했던 프랑스 정부는 그들을 강제수용소에 가두었다. 그곳의 생활 조건은 나치 강제수용소보다 열악했다. 망명객들은 물과 음식과 의료 지원을 제대로 받지 못했을 뿐 아니라 학대마저 당했다. 망명이 시작되고 반년 동안 1만 4617명이 강제수용소에서 목숨을 잃었다 (비교하자면 "단지" 4816명이 마우트하우젠 수용소에서 사망했다).

115

1939년 8월 망명객 절반이 좌절하여 스페인으로 돌아갔다. 대략 22만 명의 스페인 사람들이 프랑스에 남았다. 그중 많은 이들이 병으로 죽었고, 다른 이들은 노동력을 착취당했으며, 또 다른 이들은 나치 강제수용소에 수감되었다. 이에 관한 더 많은 정보는 다음에 수록한 로사 토란의 글에서 얻을 수 있을 것이다.

일명 "수상한 외국인들을 위한 처벌 수용소"인 **아리에주의 베르네 수용소**에 구금되었던 프랑시스코는 7000명의 스페인 사람들이 있는 세트퐁으로 이송되고, 1939년 11월에 다른 많은 이들처럼 프랑스 군대 소속인 외국인 노동자 회사 **(CTE)**에 합류해야만 했다.

독일군에 체포되었을 당시, 프랑스 군복을 입고 있던 스페인 이주민들은 일단 **전쟁포로**로 규정되었다. 따라서 그들은 벨포르에 있는 부즈넬 병영(caserne Bougenel) (프론스탈라그140)에 수감되었다가 팔링보스텔에 있는 **스탈라그 XI-B**로 이송되었다. (두 곳 모두 포로수용소로 나치 강제수용소는 아니었다.) 몇몇 증언에 따르면, 제네바 협약[84]의 규제를 받는 독일국방군 포로수용소의 구금 조건은 프랑스의 처벌 수용소보다 나은 편이었다.

프랑코와 세라노 수녜르[85] 그리고 프랑코 체제의

노게라[83] 인근 전선을 방문한 부아, 1938년 중반.

다른 고위층 인사들은 이 포로들의 예정된 운명을 알고 있었지만 그들에게 관심을 두지 않았다. 왜냐하면 이들은 포로들을 스페인 사람으로 간주하지 않았기 때문이다. 그리하여 나치는 그들을 "**스페인 무국적자**(Espagnols apatrides)"라고 비꼬면서 분류한 뒤 지옥으로 보내기로 결정했다.

기차는 잠시도 정지하지 않은 채 수일 동안 이동한 것 같다. 원칙적으로 차량당 "사람 40명과 말 8필"을 적재할 수 있었으나, 실제로는 100명이 넘는 사람을 한데 몰아넣었다. 공기, 물, 음식이 부족했고 위생 상태가 나빠 많은 사람이 죽었다. 그중 몇몇은 질식사했다.

스페인 공화파의 나치 수용소 강제이주와 생존자들의 운명

로사 토란

역사학 박사. '마우트하우젠과 다른 수용소들 친우회
(Amicale de Mauthausen et autres camps)' 부회장.
Francesc Boix, fotògraf? Més enllà de Mauthausen을
비롯하여 다수의 전시회 위원
스페인 공화파 강제이주에 관한 강의와 학술대회, 책 소개,
서문, 언론 기사의 저자.
출간물 가운데 몇 가지는 다음과 같다.
Vida I mort dels republicans als camps Nazis;
*Mauthausen. Crònica gràfica d'un camp de
condentració;*
*Els camps de concentració nazis. Paraules cotra
l'oblit*(Edicions 62, Barcelone, 2005);
Joan de Diego, tercer secretari a Mauthausen;
*Amical de Mauthausen : Iluita i record. 1962–1978–
2008;*
*Eusebi Pérez Martín, Recordar per viure, viure, viure
per recordar.*

준비에브 모비유(Geneviève Maubille)가 스페인어를
번역함.

서문

지정학적 관점에서만 보면, 고등학교에서 가르치는
것처럼, 스페인은 제2차 세계대전의 피해를 상대적
으로 덜 입었다고 생각할 수도 있다. 프랑코와 히틀
러가 조기에 맺은 동맹[86]을 참작할 때 말이다. 그러
나《마우트하우젠의 사진사》는 안티–파시스트 군대
가 부득이 유럽의 다른 곳보다 더 일찍 만들어진 한
나라의 복잡한 실상을 밝히고 있다. 그리고 문제를
총괄적으로 파악했던 스페인 "공화파"는 그 투쟁을
국경 너머에서 이어갔다. 그들의 유럽 형제들과 마
찬가지로, 그들은 전쟁에 참여함으로써 값비싼 대가
를 치렀다.

앙투안 모렐(Antoine Maurel), 편집인

나는 지금 스페인 공화파 강제이주 역사에서 대단히
중요한 두 기념일 중간에 이 글을 쓴다. 1939년 망명
75주년과 1945년 수용소 해방 70주년. 그것은 전대미
문의 극적인 역사다. 나치 강제수용소에서 지옥살이
를 했던 사람들이 그에 앞서 프랑스에서 망명인 수용
소라고 불리는 곳에 억류되었을 뿐 아니라 나치 강제
수용소에서 해방된 뒤에는 자국에서도 박해를 당했고
침묵을 강요당했으며 피난처에서 최종 유배형을 선고
받았기 때문이다.

사실에 근거하여 간략히 돌아보자. 스페인 공화파는
파시즘에 대항하여 무기를 든 최초의 사람들이고 해
방 후 나치 강제수용소를 떠난 최후의 사람들이다.
9년[87]은 투쟁과 고통의 세월이었다. 유럽에서 일어난
파시스트와 안티–파시스트 사이의 첫 대결에서 군사
적으로 패배한 뒤, 그들은 신속한 귀환을 희망하며 프
랑스로 망명했다. 그러나 피난처라고 믿은 나라에서
조차 수개월에서 수년에 달하는 불확실한 나날이 기

다리고 있었으니, 그들은 자신들의 출현에 당황한 채, "달갑지 않은 빨갱이"로 보이는 자들을 경계하며 연이어 들어서는 정부[88]의 처분에 운명이 달려 있었다. 가족들은 프랑스 각지로 흩어졌고 그동안 남자들은 프랑스 군대, 외인부대, 보병대대 또는 대개의 경우, 군사 시설 단위들—외국인 노동자 회사(CTE)—에 입대하도록 강요받았다. 공장, 농장, 군사방어 시설의 건설 현장에서 하급 노동을 수행하다 보니 그들은 "삽과 곡괭이 부대"가 되었다. 1940년 5월 독일 부대의 공격으로 희생된 사람들은, 북동쪽 국경선에서 멀지 않은 곳에 숙영하던 이런 회사들에 들어갔던 사람들이다. 그 뒤 흩어져 도주하거나 스위스로 들어가려는 시도를 계속하다가 독일 국방군에 체포된 1만여 명의 남자와 여자는 유럽 각지에서 온 수천 명의 군인과 함께 스탈라그에 수용되었다. 비시정부(Vichy政府)는 그들을 프랑스 군인으로 생각하지 않았기에 포기해버렸다. 스페인 정권도 히틀러와 협상하면서 마찬가지 태도를 취하자, 그들 중 대부분은 마우트하우젠으로 강제이송되었다. 그곳은 나치 독일에 병합된 오스트리아 소재 강제수용소로 건설 공사를 위해 노예와 같은 노동력이 필요한 곳이었다.

강제 입대를 피해 빠져나간 이들은 신분증이 없는 신세로 전락하여 자유 지대를 찾아다녀야 했고, 전쟁이 계속되는 동안 언제 체포될지 모르는 공포 속에서 살았다. 많은 이들이 자신들을 고향에서 추방한 그 적들과 맞서 다시 싸우기를 주저하지 않았다. 다만 다른 형태의 싸움이었다. 스페인 공화파 사람들은 1942년부터 레지스탕스 활동에 앞장선 인물들로 토트조직(Organisation Todt)[89]에 반대하여 사보타주에 참가한다. 그중 일부는 목숨을 잃었고 다른 이들은 나치 독일의 여러 수용소에 강제로 수감되었다. 이렇게 1940년 8월 시작된 강제수용은 1944년까지 이어졌고, 대략 1만 명의 공화파 사람들이 공화정의 정당성을 옹호하고 파시즘에 맞서 투쟁했다는 이유로 나치 강제수용소에 구금되었다. 강제수용소 시절의 노예 노동, 질병, 죽음과 마우트하우젠 수용소의 나치 친위대 사진 현상소에서 필름 절도를 기획한 일을 포함하여 숱하게 일어난 저항 행위들을 세세히 묘사하지 않더라도, 수만 명의 희생과 영구히 지속될 후유증과 더불어, 공화파 사람들이 프랑코와 히틀러의 적으로서 과중한 대가를 치렀음을 이해할 수 있을 것이다.

로사 토란

수용소 도착

프랑시스코는 1941년 1월 27일 1506명이라는 가장 큰 대열 속에서 **마우트하우젠** 수용소에 도착했다. 강제수용소에는 927명의 스페인 사람들이 1940년 8월부터 수감되어 있었다. 그들은 그 유명한 도시, 만화 업계에서는 대단히 상징적인 곳인 **앙굴렘**[90]에서 온 사람들이었다.

기차에서 내리자마자, 라우스(raus, 밖으로), 슈넬 (schnell, 빨리), 아인트레텐(eintreten, 열을 맞춰), 루어(Ruhe, 조용히), 샤이스퀴벨(Scheißkübel, 똥바가지), **로트슈파니어**(Rotspanier, 스페인 빨갱이들) 같은 고함이 쏟아지는 와중에 수감자들은 심한 구타와 폭행을 당하거나 살해당했다.

수용소로 올라가는 행렬은 포로의 수를 확인하기 쉽도록 항상 5열종대로 이루어졌다. 모든 방문객이 확인할 수 있듯이, **마우트하우젠** 역에서 수용소로 가려면 마을을 지나게 되어 있다. 포로들의 증언에 의하면 마을사람들은 그 행렬이 지나가는 모습을 바라보았고 아이들은 심지어 돌을 던지기까지 했다. 그런 일이 종종 일어났기 때문에 마을 주민이 수용소에서 일어나는 일을 몰랐다고 주장하기는 어려울 것이다. 수많은 포로들이 수용소에 도착하지 못했다. 그들은 도중에 살해당했다.

마우트하우젠 수용소 정문. 출입구 너머가 가라겐플라츠.

수용소에 도착했을 때 찍은 사진. 이 무렵, 프랑시스코는 언젠가 자신이 이런 종류의 사진을 현상하게 되리라고는 상상하지 못했을 것이다.

수용소 내부.
오른쪽은
전기 철조망.

수용소 내부.

강제수용소는 세 카테고리로 분류되었다. 마우트하우젠은 **카테고리Ⅲ**으로 분류된 유일한 수용소로, 가장 가혹한 규정 아래 놓인 곳이었다 (아우슈비츠는 카테고리Ⅰ 수용소였다). 카테고리Ⅲ은 교화가 불가능한 죄수들이 모인 곳으로, 그들은 **노동으로 절멸**되어야 했다. 주요 수용소(**Hauptlager**)에는 부수적인 수용소(**Nebenlager**)가 연결되어 있었다. **구젠** 수용소가 그 예인데, 대부분의 스페인 사람들이 이곳에서 죽임을 당했다. 한편 마우트하우젠－구젠 복합수용소 (complexe de Mauthausen－Gusen)에는 약 100개의 작은 하위 수용소가 있었다.

수용소 내부. 처음에 도착한 수감자들이 자신들이 기거할 감옥을 건설하고 있다.

부아에 따르면, 수용소 건설은 1000명이 넘는 포로의 목숨을 앗아갔다. 수용소는 마치 성채와 흡사한 모습으로 강한 인상을 주었다.

가라겐플라츠가 재현된 14-15쪽 삽화에서 마우트하우젠 수용소 특유의 건축 방식을 볼 수 있다. 외부 수용소는 친위대가 차지한 곳으로 380볼트의 전기 철조망으로 둘러싸여 있었다. 내부 수용소는 포로들이 있는 곳으로 고위직 나치 인사가 방문하는 경우는 거의 없었다.

수용소 **굴뚝**에 대해, 나치 친위대의 게오르크 바크마이어가 "너희는 들어올 때 저 문으로 왔지만, 나갈 때는 저 굴뚝으로 갈 것이다!"라고 선언한 내용은 사실로 증명되었으며 많은 자료에서 재인용되고 있다. 마우트하우젠 수용소에는 거의 5000명의 친위대가 복무하고 있었다(전부 합하면 거의 1만 5000명의 친위대원이 이 수용소를 거쳐 갔다). 이보다 많은 친위대원이 있던 곳은 아우슈비츠 수용소가 유일하다.

시체 소각로의 굴뚝. 나치에 의하면, 수용소에 감금된 포로들은 모두 그곳으로 나가야 했다.

너희는 들어올 때 저 문으로 왔지만, 나갈 때는 저 굴뚝으로 갈 것이다*

수용소에 도착한 러시아 포로들을 정렬하는 나치 친위대원들.

교육 중!

16쪽, 17쪽은 반복되는 절차를 보여준다. 포로들은 때로는 몇 시간이고 추위 속에서 대기해야 했다. 그 장소는 **클라그마우어** 또는 **탄식의 벽**(포로들에게 가한 구타와 고문 때문에 이렇게 불림) 바로 옆에 있는 마당과 아펠플라츠(하루에 두 번씩 포로의 수를 확인하던 점호장소)다.

포로들은 그곳에서 **카포**(**Ka**merad **Po**lizei, 다른 죄수 관리를 맡은 일반범 포로들)에 의해 학대를 당한다. 카포의 책임자인 마그누스 켈러(Magnus Keller, 체격 때문에 **킹콩**이라는 별명으로 불렸음)는 총애를 잃은 나치대원이었다.

그런 다음, 포로들의 옷을 벗긴 뒤 온몸의 털을 밀고 석횟가루 같은 물질로 소독하는데, 이로 인해 피부가 심하게 따끔거렸다. 수용소에서는 이미 죽은 포로의 유니폼을 지급함으로써 포로들의 개성을 빼앗고 겁박하려고 했다.

릭켄이 촬영한 러시아 포로들.

면도와 소독 과정을 마친 뒤 벌거
벗은 채 포로들은 몇 시간을 중앙
광장에 서 있어야 했다. 수용소에서
널리 행해지던 고문의 한 형태였다.

벌거벗은 상태로 체조하는 포로들. 영양
부족으로 한층 더 견디기 어려운 고문이
었다.

수용소에 도착한 러시
아 포로의 사진을 재
현한 수채화.

줄을 서서 자신들의 비극적 운명을 기다리는 러시아 포로들.
이들은 마우트하우젠에서 유독 극심한 학대를 당했다.

여러 종류의 **유니폼**이 존재했지만 우리는 모두 똑같이 그리기로 했다. 미학적인 이유에서뿐만 아니라 수감된 사람들이 모두 개성을 박탈당한 모습으로 보인다는 사실을 강조하기 위해서였다. 포로들은 장교와 마주치면 인사하고 모자를 벗어야 했다. 그렇게 하지 않으면 구타를 당했다. 그들은 나무 샌들을 신고 있었지만 이 책에서 우리는 다른 형태의 신발을 활용하여 그렸다.

힘러슈트라세(Himmlerstaße 또는 Himmlerstrasse)는 정수리 부분의 머리를 밀어버리는 형벌로, 도주를 감행한 수감자를 멀리서 식별할 수 있을 뿐만 아니라 포로들을 모욕하기 위해서 사용된 수단이었다.

삼각배지 또는 **빙켈**(Winkel)은 스페인 포로들의 절멸을 상징하는 요소 가운데 하나다. 공화파 사람들이 원칙적으로는 무국적자들이고, 영국인과 프랑스인과 또 다른 국적의 사람들이 빨간색 삼각형 배지를 달고 있었던 반면 스페인 포로들은 아주 특별한 표식을 달고 있어야 했다. "스페인 사람(Spanier)"이라는 뜻의 "S"가 새겨진 파란색 삼각형이었다.

초기에 수용소에 도착한 스페인 사람들 가운데 소목장, 구두 수선공, 요리사, 정비사 들은 **코만도**(Kommandos, 작업반)에 들어갈 수 있었다. 이곳은 덜 고통스러운 조건이어서 더 오래 생존할 수 있었다. 반면 교사나 지식인은 무용하다고 간주되어 살아남을 기회가 거의 없었다. 또한 스페인 포로들은 이미 내전과 프랑스의 수용소와 스탈라그를 겪었기에 고통에 익숙했다는 점도 기억해야 한다.

수용 인원이 200명 또는 300명으로 예정되어 있었음에도 불구하고, **막사**에는 때로 800명이 넘거나 심지어 1600명에 달하는 사람이 수감되었다. 포로들은 한 침대에 셋이서 잠을 자야 했다. 침대 시트도 없고 난방도 되지 않았다. 때때로 창문은 밤새도록 열려 있었고 난방장치는 가장 추운 날들을 제외하고는 작동되지 않았다. 그나마 고장이 나지 않았을 때나 작동되었다.

마우트하우젠– 구젠 강제수용소

랄프 레슈너

마우트하우젠 기념관 총서 책임자이자 마우트하우젠 기념관과 구젠 기념관 상설 전시회 위원

프랑수아즈 갈레(Françoise Gallez)가 독일어를 번역함.

1938년 3월 독일 제3제국이 오스트리아를 병합한 지 며칠 후, 새 정권은 오스트리아에 집단수용소를 건설할 계획이라고 발표한다. 오버외스터라이히주(Oberösterreich州)의 골라이터[1]인 아우구스트 아이그루버[91]에 따르면 그것은 하나의 "특혜"였다. 수용소를 관리하던 나치 친위대는 포로의 수가 급증할 것을 내다보고 수용소 추가 건설을 고려했다. 동시에 나치 친위대 사령부는 건설자재 산업을 일으킬 계획이었다. 친위대는 이렇게 강제수용소의 확장을 정당화하고 수용소의 활용 가능한 노동력을 독점할 권리를 확보하려고 했다. 이런 경제 활동은 친위대의 재정 수입을 보장하는 방안이기도 했다.

1938년 4월, 건설자재 수용소 산업을 관리하고자 친위대는 독일 채석 토건 회사(Deutsche Erdund Steinwerke GmbH, 일명 DESt)를 설립했다. 친위대는 그들의 경제적인 목표 달성을 가능하게 할 수용소를 받아들일 곳을 물색하는 데 착수했다. 마침내 화강암 채석장을 인근에 둔 마우트하우젠과 구젠이 선정되었다. 나치 친위대 기업은 독일 제3제국의 화려한 기념물과 건물에 필요한 건축 자재를 곧 수용소 포로들이 이 채석장에서 채석한 것으로 공급할 계획이었다.

1938년 8월 8일, 다하우 강제수용소[92]의 포로를 태운 첫 기차가 마우트하우젠에 도착했다. 그들은 우선 수용소 건설에 이용되었다. 1939년 말, 그들은 마우트하우젠에서 몇 킬로미터 거리에 있는 구젠에 두 번째 강제수용소를 건설하는 데 동원되었다. 이로써 그 지역은 마우트하우젠의 주요 수용소와 비슷한 수용 능력을 갖춘 추가 수용소를 가지게 되었다.

수용소 포로들은 처음부터 채석장 개발과 확장에 기여했다. 1942년, 3000명 이상의 포로가 마우트하우젠과 구젠 채석장에서 극도로 열악한 조건 아래 강제노

---

1 Gauleiter. 대관구지도관(나치 지역의 지방장관)

동을 했다. 포로들이 맡은 과업의 경제적인 목표에도 불구하고, 그들은 적합한 도구나 작업복조차 받지 못했다. 결과적으로 질병과 심각한 사고가 빈번하게 발생했다. 게다가 이 고된 노역 과정에 친위대의 끊임없는 폭행이 이어졌다.

친위대로서는, 수용소의 정치적 기능이 전쟁 중반까지는 최우선이었기에, 포로들은 상시적인 박해에 시달렸을 뿐 아니라 정치적·이데올로기적 반대파들은 무조건 제거되었다. 한동안 마우트하우젠과 구젠 수용소만이 나치 수용소 체계에서 카테고리 III에 속했다. 독일 제3제국 강제수용소의 "위계"상 그것은 수용 조건이 가장 엄격하고 사망률이 가장 높다는 것을 의미했다. 수용소 체계상 제거될 용도로 규정된 포로들이 정기적으로 마우트하우젠과 구젠에 강제이송되었다. 그리하여 1940년부터 측정불가한 수의 폴란드 사람이 친위대가 자행하는 극도의 폭행으로 희생되었고 과로와 영양실조로 사망하기에 이르렀다. 많은 포로들이 독극물 주사 또는 "죽음의 입욕2"[93]으로 살해되었다. 이러한 살인 행위로 스페인 공화파와 유대인들 또는 일반 범법자도 희생되었다. 하지만 대개 "자연사"로 집계되거나 사망 원인을 거짓으로 기재했다. 수많은 포로가 친위대 보초들에 의해 살해되기 전 수용소 울타리 근처로 이동해야 했다. 그곳에서 처형된 이들은 나치 친위대 문서에 탈주 시도로 인한 처형으로 처리되었다.

마우트하우젠에서는 공식적인 처형도 집행되었다. 제3제국 최고 사령관이나 보안경찰국[3]의 명령에 의한 것이었다. 포로 중 일부는 하르트하임 사형집행소에서 죽임을 당하거나 마우트하우젠과 구젠을 정기적으로 오가던 "가스 트럭(camion à gaz)"에서 질식사했다. 소련 전쟁포로들이 대거 도착할 것을 예상하여 1941년 가을에는 마우트하우젠에 독자적인 가스실을 만드는 공사가 시작되었다. 1942년 봄부터 적어도 3455명이 치클론 B 가스[94]로 처형되었다. 전부 합하면, 약 1만 200명이 마우트하우젠과 구젠 그리고 하르트하임에서 가스로 질식사했다.

카리브디스[95]에서 스킬라[96]까지[97]

1942, 1943년부터 채석장 노동은 축소되고 점차 새로운 부속 수용소들이 들어섰다. 초반에 포로들은 도로와 수력발전소와 공장 등을 건설하는 데 배치되었으나 그 뒤로는 점점 더 자주 무기공장에서 일하게 된다. 이런 연유로 마우트하우젠-구젠 수용소 조직에 처음으로 여성들의 강제이주와 이송이 시작되었다. 군수 물자 산업 현장에서 강제노동을 하게 되면서 잠깐이나마 포로들의 구금 조건이 나아졌다. 그러나 1943년부터 포로들이 공중공세의 대피처가 될 지하 생산 현장을 건설하게 되면서 삶의 조건은 다시 급격하게 악화되었다. 구젠 수용소와 에벤지[98]와 멜크[99] 대형 부속 수용소의 예를 들면, 포로들은 건강은 물론 심지어 목숨의 위협을 받으며 거대한 지하통로를 개조해야 했다.

수천 명의 유대인 강제이주자들이 폴란드의 수용소에서 마우트하우젠으로 이송되어 지하공장을 건설했다. 그들이 도착하자 수용소 구성원의 커다란 변동이 생겼다. 애초 마우트하우젠과 구젠은 오스트리아와 독일에서 체포한 대략 수천의 정치범을 수용하기 위한 곳이었으나 실제로 수용된 포로의 수와 국적을 보면 전쟁 초기부터 이런 목표가 지켜지지 않았음을 알 수 있다. 1940년 말, 거의 8200명의 포로가 마우트하우젠과 구젠에 수감되었다. 1942년 말, 마우트하우젠과 구젠 그리고 몇몇 부속 수용소에 수감된 포로의 수는

2 Badektionen.
3 Sicherheitspolizei, 보안경찰.

1만 4000명이었다. 마우트하우젠과 부속 수용소에서 포로의 수가 최고치일 때는 1945년 3월 7일이었는데, 그때 수용된 사람은 8만 4000명이 넘었다. 마우트하우젠과 구젠 그리고 여전히 가동 중이었던 부속 수용소의 경우, 해방 전날에 거의 6만 5000명의 포로(남자, 여자 그리고 어린이)가 있었다. 이 수치는 수용소 해방 절차가 진행되던 혼란 속에서 집계되지 않은 수천 명은 고려하지 않은 것이다.

나치 친위대 당국은 포로들의 국적이 40개 이상인 것으로 집계했다. 마우트하우젠에 강제이주된 포로 대부분은 폴란드인이었고, 그다음이 소련과 헝가리 사람이었다. 포로 가운데 독일, 오스트리아, 프랑스, 이탈리아, 유고슬라비아 그리고 스페인에서 온 사람도 상당수를 차지했다.

경비병은 포로의 수에 비례했다. 수용소 확장과 포로의 증가는 근본적으로 마우트하우젠과 구젠 수용소 조직에 수많은 부속 수용소를 추가 건설하는 데 따른 것으로, 결과적으로 경비병 인원의 보강으로 이어졌다. 1942년 말, 1200명의 친위대원이 대략 1만 4000명에 달하는 포로를 감시했다. 1945년 4월, 독일 공군이나 해군 또는 독일 국방군의 다른 단위 구성원인 6000명의 친위대원과 65명의 여자들이 수용소와 포로를 감시했다.

1938년 8월 수용소 건설부터 1945년 5월 미군에 의해 수용소가 해방될 때까지 모두 합해 대략 19만 명이 마우트하우젠으로 강제이주되었다.

수만 명에 달하는 포로가 야만적으로 살해당했다. 대부분의 포로는 극도의 노동 착취와 열악한 처우로 죽음을 맞이했다. 영양실조와 더불어 적합한 의복과 의료가 제공되지 않은 것도 사망의 원인이었다. 모두 합하면, 적어도 9만 명의 포로가 마우트하우젠과 구젠과 부속 수용소에서 목숨을 잃었다. 그 절반은 수용소 해방을 앞둔 불과 몇 달 사이에 사망했다.

랄프 레슈너

마우트하우젠 채석장 전경.

스페인 사람들이 만든 186단의 계단, 마우트하우젠에서 고통의 상징이었다.

채석장

수용소에 도착하면 거의 대부분의 포로가 수용소에서 그리 멀지 않은 곳에 있는 **화강암 채석장**에 배치되었다. 그곳에서 그들은 수용소 건설과 지역 산업 용도로 쓰일 돌을 채석했다. 이 채석장은 독일 제3제국에서 가장 수익성이 높았다.

포로들은 채석장에서 주당 54시간에서 60시간까지 일했다. 아침에는 커피 대용품을, 정오에는 묽은 수프를, 그리고 저녁에는 빵과 소시지 몇 그램을 배급받을 뿐이었다. 부족한 식단은 매일 반복되었다. 포로들의 평균 체중은 40킬로그램이었다.

채석장의 상징은 스페인 포로들이 만든 그 유명한 **186단의 계단**이었다. 나무 샌들을 신은 포로들은 이 미끄러운 계단을 기어오르느라 항상 목숨이 위태로웠다. 어떤 계단은 일부러 흔들거리게 방치한 탓에 포로들이 비틀거리거나 죽음으로 내몰리기도 했다. 영양실조와 질병과 과로가 일상인 노동은 마우트하우젠의 공식적인 절멸 방식

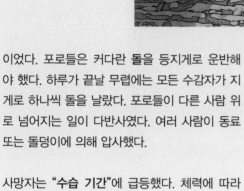

이었다. 포로들은 커다란 돌을 등지게로 운반해야 했다. 하루가 끝날 무렵에는 모든 수감자가 지게로 하나씩 돌을 날랐다. 포로들이 다른 사람 위로 넘어지는 일이 다반사였다. 여러 사람이 동료 또는 돌덩이에 의해 압사했다.

사망자는 **"수습 기간"**에 급등했다. 체력에 따라 선별된 포로들은 돌을 들었다가 내려놓기를 일고여덟 차례 반복해야 했다. 이 시기에 살아남은 이들은 다른 곳에 배치되었다. 처벌을 받을 때도, **슈트라프콤파니** 구성원들은 돌을 들었다가 내려놓기를 죽을 때까지 했다. 그렇지 않으면 처형되었다.

계단을 오르는 포로들. 한 명이 넘어질 경우 닥칠 위험을 상상하기란 어렵지 않은데. 그런 사고가 실제로 자주 일어났다.

채석장의 또 다른 상징 가운데 하나는 "스카이다이버들의 절벽" 또는 **팔쉬름슈프링어반트**라는 40미터 높이의 절벽이었다. 그곳에서 수용소 포로들을 아래로 내던져 죽였다. 일부 포로들은 스스로 몸을 던져 자살했는데, 목격자들의 증언에 따르면 놀라울 정도로 침착하게 결행된 동작이었다고 한다.

공중에서 본 채석장

채석장 담당은 나치 친위대 최고분대지도자(SS–Hauptscharführer)인 **한스 슈파체네거**(Hans Spatzenegger)("Spatz"는 독일어로 "녀석"과 "사랑하는 사람"을 동시에 의미함)였는데, 포로들은 그의 얼굴과 마른 체구 때문에 "흡혈귀"라는 별명을 붙였다. 라우펜[100]에서 제련업자였던 그는 유부남에 5명의 아이를 둔 아버지였다. 그는 1931년과 1934년에 나치 친위대에 들어가 다하우 강제수용소에서 재직한 전력이 있다. 나치 친위대원 가운데 가장 두려운 인물

"흡혈귀"라는 별명으로, 두려움의 대상이었던 채석장 관리장 슈파체네거. 다하우 법정에서.

중 하나였다. 그의 명령에 따라 죽은 포로가 수백 명에 이른다.

증인들의 진술에 따르면, 그는 영하 20도 날씨에 포로들이 옷을 벗고 동사할 때까지 땅바닥에 누워 있으라고 강요했다. 슈파체네거는 다하우에서 열린 "마우트하우젠 재판" 결과 1947년에 교수형을 당했다.

포로가 다른 포로를 때려 처형을 모면하게 한 이야기는 다수의 증언에 근거한 것이다. 포로들은 다른 상급 포로 또는 다른 포로가 친위대나 카포의 환심을 사기 위한 행동을 빙자하여, 예를 들면 격렬한 논쟁거리이기는 하나 루이스 에스탄(Luis Estañ)이 스페인 카포인 세사르 오르킨(Cesar Orquin)에 대해 기록한 것처럼, 자신들을 구타함으로써 목숨을 구해준 사실을 기억하고 있다.

프로미넨텐, 책임 있는 자리의 수감자들

수용소 초기에 도착한 포로들에게는 유리한 점이 한 가지 있었다. 스페인 포로들은 주요한 보직에 접근할 수 있었는데, 그것은 더 좋은 식단과 생존의 기회를 보장했다. 그 수감자들을 **프로미넨텐**이라고 불렀다.

그들은 **2번 막사**에 머물렀는데, 노동자 계급처럼 서로 결속하고 있었으며 의기도 좋았다. 그들은 비서, 미용사, 음악가, 소목장 들로 수용소에서 오래 존속할 수 있었는데, 수용소 입장에서 그들을 유용하다고 여겼기 때문이다.

그들은 또한 **서로 협력**하여 절도("조직하다"란 수용소 은어로 "절도하다"를 의미했다)를 하기도 했다. 그들은 수용소 규정에서 벗어날 수는 없었으나 경비병들 사이에 만연한 부정부패를 이용했다. 그들은 사람들을 섭외하여 주요한 자리에 배치하거나 소문을 퍼트리기도 했다. 1943년부터 다른 국적의 신참 수감자들이 도착했다. 그 가운데 레지스탕스 활동가들이 있어 그들은 더 많은 정보를 얻을 수 있었다. 이는 결국 그들의 사기를 강화하는 데 기여했다.

부아는 사진국에 들어간 뒤 프로미넨텐과 연결된다. 프로미넨텐의 일원으로서 영향력을 발휘하여 다른 수감자들에게 일을 줄 수 있었다. 그중 여럿이 그 덕분에 예고된 죽음을 피해 갈 수 있었다. 그는 친위대의 신임을 얻는 능력자로 유명했지만, 그 명성도 부아가 절도를 완수하는 것을 방해

하지는 못했다.

프로미넨텐으로서, 우리 이야기 속 등장인물들은 수용소의 다른 포로들보다 살아남을 기회가 많았기에, 그들은 마우트하우젠 포로의 전형은 아니다. 도착 즉시 살해되지 않은 사람들의 수명은 대체로 6개월에서 1년까지 연장되었다. 하지만 살아남아서 자신의 이야기를 증언할 수 있었던 사람은 거의 없다.

스페인 포로인 카를로스 그레이키[101]는 피부색 때문에 친위대원들의 식사 시중을 담당했다.

> 2번 막사에 온 걸 환영하네, 카탈루냐 동지.

3276

131

파울 릭켄의 사진

에르켄눙스딘스트, 신원확인국

부친이 **사진사**였던 부아는 어린 시절부터 사진에 재능을 보였다. 마우트하우젠 강제수용소에서 그는 신원확인국인 **에르켄눙스딘스트**에 들어갔다. 그곳은 게슈타포와 폴리티셰 압타일룽(정치부)이 관할하는 곳이었다.

에르켄눙스딘스트의 업무는 수용자의 출입을 사진과 함께 기록하는 것이었다. 또한 병사나 장교의 사적인 사진들을 현상하기도 했다.

에르켄눙스딘스트는 자살이나 처형으로 위장한 살인의 경우처럼, 의심스러운 상황에서 죽은 포로들의 사진도 찍었다. 모든 사진은 5장씩 사본을 뽑았는데, 그중 하나는 수용소에 두고 나머지는 다른 기록보관소로 보냈다. 여섯 번째 사본을 뽑아 보관하기로 결심한 첫 번째 포로는 폴란드인 **스테판 그라보프스키**[102]였다. 스페인 포로들은 그의 뒤를 따랐다.

가라겐플라츠 위에서 찍은 마우트하우젠의 나치 친위대 사진.

132

수용소의 친위대 장교. 에르케눙스딘스트에서 인화한 개인 사진 중 하나.

친위대 장교. 이따금 기념사진이나 가족, 친구들에게 보내는 사진도 다루었다.

프란츠 치라이스, 수용소 소장.

부아가 놀란 **사진들** 속 포로들은 학대당하지 않고 아프거나 굶주리지도 않은 상태였다. 그 사진들은 사실 연출된 것으로, 나치 독일의 국내 기업들을 대상으로 수감자의 용역을 제안하기 위한 용도였다. 수감자들의 노예 노동력은 나치 친위대에 큰 수익을 안겨주었다.

다른 모든 코만도와 마찬가지로, 신원확인국은 작업을 감독하는 친위대원 한 사람이 지휘했다. (부아를 아주 특별하게 평가했던 인물인) 헤르만 신라우어(Hermann Schinlauer)와 같은 여러 친위대원이 그 자리를 승계했으나 우리는 릭켄을 선택했다.

휴식 시간에 햇볕을 쬐는 친위대원들.

선전용 몽타주. 포로들이 잘 먹고 좋은 대우를 받는 것처럼 보이지만 실상을 반영하지 않은 사진이다.

133

부사관 제복 차림으로 눈 속에서 찍은 릭켄의 자화상.

파울 릭켄은 중등교육기관의 교육자였다. 편집광적이고, 편협하고, 불안하고, 접근하기 어려운 존재인 릭켄은 기이한 강박관념의 소유자였다. 그는 부아의 뛰어난 작업과 예술적 감수성을 알아보고 높이 평가했다. 수용소가 해방된 뒤 릭켄은 체포되어 재판을 받았으나 몇 해 뒤 조기 방면된다. 138쪽 그레고어 홀징어의 글에서 릭켄에 대한 더 많은 정보를 얻을 수 있다.

파울 릭켄,
에르켄눙스딘스트 지휘관.

마우트하우젠에서 죽음의 방식

사람들은 흔히 부아가 살해된 포로들을 촬영했다고 생각한다. 하지만 그 사진들은 나치 친위대원들에 의해 촬영되었다. 특히 릭켄의 "서명"을 확인할 수 있는데, 그는 끊임없이 예술적인 각도와 구성을 추구했다. 이것은 그의 기이한 성격과 맞물려 그가 죽음에 얼마나 깊이 매료되어 있는지를 드러낸다. 그는 사진을 "개선하기" 위해 몇몇 시신을 움직이기까지 한 것으로 보인다.

부아가 촬영 장비와 조명을 들고 릭켄을 동행하는 모습은 매우 그럴듯한데, 아닌 게 아니라 바로

그런 이유에서 우리는 이 책에 그런 모습을 묘사하기로 했다. 우리는 모든 상황에서 부아를 우리 마음대로 드러냈지만, 사실상 어떤 사망의 경우는 사진으로 촬영되지 않았다. 의무실을 통한 처형과 사망의 경우(음독이나 심장에 휘발유 주입)가 그런 사례다. 반면 "탈출 시도"(예를 들면, 포로에게 딸기를 담아오라고 하거나 아니면 철조망 위로 모자를 던지라고 명령한 뒤 살해했다)와 "자살"(포로는 목을 매는 것과 맞아 죽는 것을 놓고 선택해야 했다) 등을 촬영하는 일은 빈번했다. **"마우트하우젠에서 죽음의 방식"**의 준거는 사실이다.

공식적으로는 "탈출 시도"로 죽은 포로들. 이런 연출로 살인을 은폐하고 있었다. 피사체의 배치와 "죽음의 미학"의 공공연한 추구를 볼 때 이 사진들의 작가가 파울 릭켄임을 알 수 있다.

죽은 수감자들.

마우트하우젠의 "공식적인" 절멸 방법은 노동이 었으나, 수용소가 1942년부터 사용가능한 **가스실**(chambre à gaz)을 들여놓았다는 사실도 떠올리자. 한편 구젠이나 하르트하임성으로 보내는 것은 사실상 사형을 선고하는 것과 같았다. 상세한 내용은 125쪽 랄프 레슈너의 글을 참조하기 바란다.

죽은 수감자.

특별 허가

65~69쪽에서 프랑시스코가 릭켄을 동행하기 위해 수용소 밖으로 나가는 장면은 입증된 사실에 근거하지 않은 유일한 장면이다. 이 장면이 유별난 상황은 아니지만(포사허와 같은 일부 수감자는 사복 차림으로 수용소 밖으로 나가는 것이 허락되었다), 이 장면은 릭켄이 사복 차림으로 죽은 포로와 똑같은 포즈를 취하고 찍은 기이한 사진들—유감스럽게도 진짜처럼 보이는—에 대해 설명을 부여하려는 우리의 의도에서 나왔다. 부아가 자신의 손으로 직접 주석을 달아놓기까지 한 사진들이다.

기이하고 설명하기 어려운 사진. 릭켄의 자화상(사진은 다른 누군가에 의해 촬영되었지만). 그는 사복 차림으로 자신이 촬영한 포로의 시체의 모습을 재현했다. 우리는 이 책에서 이 사진이 의미하는 바를 상상해보기로 했다.

파울 릭켄과 마우트하우젠 강제수용소 정치부의 신원확인국

그레고어 홀징어
사학자, 마우트하우젠 기념관 연구 센터 위원, 전범들에 대한 연구 전문가, 해당 주제에 대한 다수의 출간물 발표.

프랑수아즈 갈레(Françoise Gallez)가 독일어를 번역함.

서문

만화에 옮겨놓은 대부분의 사건이 슬프게도 잘 알려진 수용소의 현실이었음에도 불구하고, 파울 릭켄이라는 등장인물은 시나리오작가에 의한 상상의 산물이라고 믿을 만큼 현실성을 결여한 인물로 보인다. 하지만 그가 등장한 각각의 장면은 역사적으로 증명된 사실이다. 심신상실 상태의 예술가, 살인을 사고로 가장한 사기꾼, 독일 제3제국의 광신자… 그는 동시에 그 모든 것이었다.

앙투안 모렐, 편집자

파울 릭켄은 1892년 6월 27일 독일의 뒤스부르크[103]에서 태어났다. 학업을 마친 뒤, 1920~1930년대에 에센-브레드니(Essen-Bredeney) 남자 공업고등학교에서 미술 교과를 가르쳤다. 그의 소묘와 석판화 출판물이 증언하듯이 그는 예술가였다.

당시 부각되던 나치의 활동은 그를 사로잡았다. 그는 나치의 예술 관념뿐만 아니라 그들이 자신들의 목적을 정당화하기 위해 도구화한 게르만 신화에 대한 열광도 나치와 공유했다. 마우트하우젠 수용소의 "행정직"[4] 수감자의 진술에 따르면, 릭켄은 "오딘[104]의 견신—신들의 왕—, 고대 게르만 민족과 곰 가죽[105]"에 매료된 인물이었다.

나치 이데올로기에 사로잡히고 정책에 매료된 그는 1932년 2월 1일 국가사회주의독일노동당(NSDAP[5])에 입당한다. 나치가 정권을 잡기 1년 전이었다. 승마를 잘하던 그는 나치 친위대 제6기병대에 입대했다. 그의 증언에 따르면, 연수자이자 책임자로 강습과 시험과 여가활동 기획을 담당했다. 당시 사진에서 평상복 차림을 한 에센-브레드니 공업고등학교의 남자 동료들 사이에서 승마용 장화와 바지를 입고 군인 포즈를 취한 그를 볼 수 있다.

나치 교육자 연합회[106] 파일에, 릭켄은 나치의 수송부대[107]의 구성원으로 등록되어 있다. 그는 에센에 주둔한 73기동부대 교관이었다. 그러나 전쟁 초기까지 그의 주된 활동은 에센의 고등학교에서 미술을 가르치는 일이었다. 나치 친위대의 일원이었던 그는 1939년 9월 1일 마우트하우젠 수용소에 분대장(Rottenfuhrer)[6]으로 파견된다. 반년 동안, 그는 코만단

---

4 Funktionshaftling, 나치 친위대는 이들에게 강제노동에 대한 관리감독이나 행정사무에 관한 일부 업무를 맡겼다.
5 Nationalsozialistische Deutsche Arbeiterpartei.
6 분대장(Caporal-chef).

투어(Kommandantur)[7]에서 경비대의 회계와 급여 지급의 책임자로 일했다. 그에 따르면, 사진 분야에서 자신이 갖춘 기술적 역량 덕분에, 1940년 3월 "수용소의 게슈타포"라는 정치부에서 신원확인국 담당이 된다. 포로들만이 아니라 친위대원들과 수용소를 방문한 나치 고관들의 사진을 촬영한 것은 이런 맥락에서였다. 수용소 확장에 관한 필름도 이렇게 수집되었다. 1943년까지 릭켄은 친위대원 프리드리히 코르나크(Friedrich Kornacz) 상급분대지도자(Oberscharführer)의 지휘 아래 일했다. 코르나크가 전방으로 가게 되면서 릭켄은 신원확인국의 수장으로 승진했다. 그는 자신의 활동을 다음과 같이 기술했다. "신원확인국에서 내 업무는 포로들의 신원확인 양식을 완성하는 것과 비자연사인 포로의 죽음 또는 의료 처치와 그 결과 사진을 지역의 친위대 의사를 위해 촬영하는 것이었다." 나치 친위대 은어로, "비자연사 죽음"이란 사실상 사고사, 자살, 또는 대개의 경우, "탈출 시도 때 처형"이라고 불린 것들이었다. 공식적인 처형은 원래 "처형 대장(臺帳)"에 기재해야 하지만, 정치부는 "비자연사 죽음"을 두 개의 다른 대장에 기록하고 있었다. 그 대장에는, 많은 목격자들이 증언한 것처럼, 사망 원인의 상당수가 위조되었고 집단 처형과 기타 과잉폭력 행위들이 은폐되었다. 모든 "비자연사 죽음"은 규정된 공식적 절차에 따라 심층 조사의 대상이 되었기에, 신원확인국에서는 시신의 사진을 찍고 사망한 장소에 대해 간략한 설명을 기재했다. 증인들은 친위대 법정의 재판관과 정치부 앞에서 증언했다. "탈출 시도 당시 처형"의 경우, 총을 쏜 군인도 증언했다. 이런 절차들은 보고서에서 법적인 행위로 인정되었다. 마지막으로, 지역 친위대 의사나 수용소 군의관이 사체를 부검하고 나서 사체부검 보고서와 사망진단서를 작성했다. 곧이어 이들 문서가 나치 친위대 법정과 빈(Wien)[108]의 경찰 법정에 전달되면, 그곳에서는 해당 건에 대해 새로 조사하여 책임자인 나치 친위대의 반대편에서 고의적 살인 혐의 소송을 제기해야 할지를 결정하는데, 물론 그런 일은 결코 일어나지 않았다.

사실상, 그 당시 "당국의 조사"는 앞서 기술한 절차와는 공통점이 별로 없었다. 그리하여 매번 "탈출 시도 당시 처형" 후, 포로들이 수용소 울타리로 향해 밀쳐졌을 때나 아니면 유사한 방식으로 처형되었을 때, 신원확인국은 사진을 찍도록 그 일에 대해 통지를 받았다. 살해된 포로들의 모습은 탈출 시도와 일치하지 않았기에 시신의 자세를 "바로잡는 일"은 자주 일어났다. 릭켄의 재판 때 여러 증인이 증언했듯이, 그는 시신의 자세를 도망치는 와중인 것처럼 바꾸었다. 그것은 자살이라고 부당하게 알려진 경우에도 마찬가지였다. 릭켄은 친위대나 카포에 의해 살해된 포로들의 시신을 자살로 믿을 만한 형태로 수정했다.

릭켄이 촬영한 사진은 여러 관점에서 주목할 만하다. 노출, 초점 등과 같이 기술적인 면을 넘어 그의 사진은 예술 작품의 자격을 가질 정도다. 사실 그는 시체가 아니라 마치 자연의 아름다움을 불멸화하는 것처럼, 영상의 구성과 원근법에 각별한 주의를 기울여 각각의 사진을 작은 예술작품으로 만들었다.

수용소 포로였던 한 사람은 릭켄의 재판정에서 그가 인격 장애를 보였다고 진술했고, 그를 편집광이라고 규정했다. 셔터 속도를 늦추는 방법으로 촬영된 1942년의 사진은 그의 "정신적 불안정"설을 뒷받침하는 듯한데, 그 사진에서 릭켄은 넥타이를 맨 정장차림으로 꼼짝 않고 풀밭 위에 누워 있다. 프랑시스코 부아는 그 사진의 뒷면에 다음과 같이 적어놓았다. "친위대 부사관 파울 릭켄, 이 서류의 작성자이자 신원확인국 책임자 […] 광활한 자연 속에 누워 있다. 그리고 살해된 온갖 국적의 사람들의 사진을 그가 찍은 것과 같이 자신의 사진을 찍게 하다."

신원확인국에서 일하던 시기에, 릭켄은 문화 영역에서도 활발하게 활동했고, 어떤 면에서는 가르치는 일도 계속했다. 예를 들면, 1941년 그는 오버외스터라이히주 미술관 협회에서 기획한 활동의 일환으로 "게르만 문명의 역사적인 곳, 토이토부르크 숲[8]의[109] 암석 형성"에 관한 연구 보고서를 발표했다. 하지만 그가 친위대 청중 앞에서 강연을 했는지는 알 수 없다.

1944년 2월, 그 사이 최고분대지도자(Hauptscharführer)가[110] 된 릭켄은 라이프니츠[111]의 부속 수용소로 전속되었고, 그곳에서 그는 수용소 소장 대행으로 복무했다. 릭켄은 프리츠 미로프(Fritz Miroff)가 1944년 8월 페가우[112]의 외부수용소에 발령된 후에도 라이프니츠 수용소 소장으로 머물렀다고 재판 때 진술했다. 그러나 사실상 릭켄은 소장직을 전적으로 수행했다. 1946년 릭켄의 진술에 따르면, 그의 업무는 특히 "수용소와 무기 공장의 포로들 사이에서 질서를 잡는 것"이었다. 그것은 사실상 포로들을 협박하고 모욕하고 학대하는 일이었고, 종종 자살이나 탈출 시도로 가장한 살인을 행하는 것이었다. 라이프니츠 강제수용소 포로들은 지하 생산 현장에서 극도로 견디기 힘든 조건 속에서 독일 군수산업의 돈벌이를 위해 강제노동을 했다. 1945년 봄, 붉은 군대[113]의 도착이 임박하자 수용소 폐쇄를 서둘렀다. 수용소는 같은 해 4월 2일 폐쇄되었다. 수용소가 폐쇄된 뒤, 릭켄은 라이프니츠에 억류되어 있던 500여 명의 포로를 데리고 에벤지 강제수용소를 향해 가는 "죽음의 행진"을 이끌었다. 행진 중 더 걸을 수 없었던 수많은 포로가 처형되었다.

전쟁이 끝난 후, 릭켄은 독일로 가는 데 성공하지만 1945년 12월에 빌레펠트[114] 근교 영국군 점령 지역에서 결국 체포된다. 그는 레클링하우젠[115] 수용소로 이송되어 1946년 8월까지 수감되었다. 그 후 미군 당국에 넘겨진 그는 전후 집단수용 시설이 된 다하우 수용소로 이송되었다. 그는 다하우에서 열린 마우트하우젠 재판 때 범죄 혐의를 받고 고발되었다.

법정에서 그는 사람들이 예상했던 것처럼 "비자연사 죽음" 사진으로 속임수를 쓴 적이 없으며 라이프니츠와 에벤지 사이의 "죽음의 행진" 때 자행한 살인에 대해 아무것도 모른다고 진술했다.

릭켄의 방어 전략은 부분적으로만 이로웠다. 사형은 면했으나 무기징역형을 선고받았다. 1951년 그는 20년으로 감형을 신청했으나 거절되었다. 그러나 릭켄은 1954년 11월 29일 란스베르크 감옥에서 조기 방면된다. 교직에서 다시 일하는 것은 당연히 불가능했기에, 그는 뒤셀도르프[116]에서 마케팅 컨설턴트로 일했다. 릭켄은 마우트하우젠 강제수용소의 정치부 책임자인 카를 슐츠[117] 관련 조사의 일환으로 증언을 했으나, 1964년 10월 24일 슐츠에 맞선 재판이 열리기도 전에 뒤셀도르프에서 사망했다.

그레고어 홀징어

---

8 Teutoburger Wald.

사진 절도

소독과 저항

1941년 6월 21일, 독일이 러시아를 상대로 전쟁을 시작한 날, 수용소는 티푸스 전염병 발생에 대한 후속 조치로 검역을 시행한다.

그리하여 **전체 소독**이 가라겐플라츠에서 진행되었다. 아프든 건강하든 상관없이 모든 포로가 벌거벗은 채 집합했다. 이날 광장에 출석한 4000명의 포로 중 150명이 사망했다.

수용소 위생 조건과 관계없이 경비병들은 이나 기생충이 있는 포로들을 마구 구타했다. 포로들이 이런 해충들을 피하기란 불가능

한 상황이었음을 기억해야 한다.

모든 포로를 감시하기란 사실상 불가능했기에, 포로들은 이 기회를 포착해 계획을 짜고 **지하조직**을 만들었다. 1943년까지 유일한 조직이었던 공산주의 정치 조직이 형성된 것은 바로 이날, 가라겐플라츠에서였다.

1944년, 포로들은 스페인공산당(PCE)과 전국노동자연대(CNT)와 스페인사회주의노동자당(PSOE) 출신 수감자를 규합하여 전국연합위원회를 세우고 곧이어 국제군사기구(AMI)를 만들었다. 이 기구는 수용소 해방 때 결정적인 역할을 한다.

마우트하우젠 수용소의 전체 소독 광경. 이날은 결정적인 날이었다. 포로들이 서로 조직할 수 있었기 때문이다.

절도 기획

절도를 조직하는 방식은 이 책에서 묘사한 것보다 훨씬 복잡했다. 포로의 대다수는 상세한 내용을 몰랐다. 이 작전이 극비리에 진행되었기 때문이다. 이 과정을 재현하고 정리하기 위해 우리는

마리아노 콘스탄테[118]가 설명한 내용에서 영감을 얻었다. 유일한 것은 아니라 하더라도 그의 설명이 가장 잘 알려져 있다. 활용할 수 있는 정보가 거의 없었기에, 우리는 이 과정의 대부분을 상상해냈다.

봉투나 우편물은 아마도 항상 똑같지는 않았을 것이다. 때로는 큼직하거나 신문지 같은 다른 재료를 써서 제작되었을 수도 있다. 그러나 독자들의 이해를 돕기 위해 우리는 똑같은 형태와 크기의 봉투로 표현했다.

수용소의 악명 높은 시신소각로(수용소 해방 때 찍은 사진으로 시신의 잔해가 보인다)는 부아의 계획에서 중요한 요소였다.

게오르크 바크마이어

부아와 공모자들의 계획은 그들 가운데 한 사람이 게오르크 바크마이어 슈츠하프트라거퓌러[119]와 부닥쳤을 때 중단될 뻔했다. 이 장면은 참담하게도 사실 그대로다. 이 친위대원은 수용소에서 가장 두려운 인물 중 하나였는데, 수감자들 사이에서 "지탕(le Gitan)"[120] 또는 "어둠"이라는 별명으로 불렸다. 그는 자신의 개 로르트를 이용하여 공포 분위기를 조장했다. 도베르만과 그레이트데인의 교배종인 이 개는 포로들을 공격하여 그들의 생식기를 물어뜯도록 훈련되었다.

게오르크 바크마이어(왼쪽)

게오르크 바크마이어, 중앙 수용소 책임자.

포샤카, 포샤허 작업반의 어린 구성원

필름이 너무 많아 발각될 위험이 커지자, 그것들을 수용소 밖으로 보내기 위해 **새로운 계획**을 세웠다. 이 계획은 여러 방식으로 실현되었지만, 우리는 하나의 방식만 그려냈는데, 이 또한 독자들에게 이야기의 흐름을 분명하게 보이기 위해서였다.

필름들은 포샤카에 의해 수용소 밖으로 나갈 수

있었다. 이 스페인 소년들은 지역의 화강암 채굴 기업(여전히 운영 중)의 이름을 딴 **포샤허 작업반**에서 일했다. 이 기업에 일하러 가기 위해 매일 42명의 수감자(마테우와 동료들이 어려 보이기는 하지만 대부분이 청소년이었다)가 한 무리를 이루어 수용소를 출발했다. 이들은 어느 정도 자유로운 체제에서 생활했다.

에두아르도 프리아스 갈라르도
(Edouardo Frías Gallardo).

펠릭스 케사다 에레리아스
(Felix Quesada Herrerías).

마누엘 구티에레스 소우자
(Manuel Gutiérrez Souza).

라파엘 알바레스 로페스
(Rafael Álvarez López).

축구 경기

축구 경기는 특별한 중요성을 띤다. 왜냐하면 포로들이 일련의 봉투와 필름을 운동화에 숨겨 수용소 밖으로 빼낼 수 있는 기회가 바로 경기를 할 때였다. 이 책에서 볼 수 있듯이 필름을 포샤카에게 맡기면 그들 중 하나가 감춘 다음 회수할 수

있도록 나머지 구성원들은 "가리개를 쳤다." 이 절차는 콘스탄테도 상세하게 기술한 것으로, 가공의 등장인물 마테우에 의해 구현되었다. 아마도 부아가 직접 이 젊은이들에게 수용소 밖으로 필름을 내보내달라고 요청했을 텐데, 그들 중 일부는 사회주의청년연합(JSU)의 구성원이었다. 일부 필름이 세 개의 꾸러미에 담겨 수용소 밖으로 반출되었다. 일부 필름은 포인트너 부인에게 맡겼고, 다른 필름들은 자재를 보관하는 막사에 숨겼다. 그 밖에 다른 필름들은 해방될 때까지 수용소 안에 감춰져 있었다.

힘러의 수용소 시찰

보존된 모든 사진 가운데 **힘러**의 시찰과 관련된 사진은 사실 그대로를 반영하고 있어 형을 선고할 때 결정적인 역할을 했다. 특히 하이드리히의 후임으로 **RSHA**(Reichssicherheitshauptamt, 독일 제3제국의 국가보안본부)의 정상에 있던 인물인 에른스트 **칼텐브루너**의 경우가 그러했다.

수용소에 도착한 힘러.

수채화로 표현된 장면.

수많은 사람들의 목숨을 앗아간 공포의 계단을 오르는 힘러와 그 일행.

수용소를 시찰 중인 에른스트 칼텐브루너, RSHA의 상급집단지도자(왼쪽: 얼굴의 흉터가 분명하게 보인다), 힘러(가운데) 그리고 치라이스(오른쪽).

웃고 있는 힘러와 그 일행을 그린 수채화.

채석장을 돌아본 뒤 중앙 수용소로 향하는 힘러와 일행.

중앙 수용소를 시찰하는 힘러와 일행. 이 사진들은 힘러가 마우트하우젠을 방문했으며 그곳에서 일어나는 일을 알고 있었음을 보여준다.

재석장을 방문한 뒤 수용소로 돌아가는 것으로 추정되는 힘러와 일행.

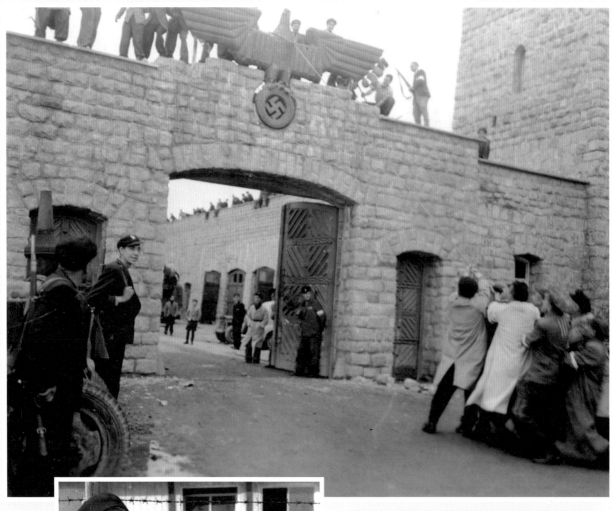

나치 지배의 상징인 독수리를 끌어내리는 포로들. 이들 중에 프랑스인 피에르 세르주 슈모프(Pierre Serge Choumoff)가 있다(등에 줄무늬가 그려진 한 조각의 천을 붙이고 있는 사람).

수용소 해방 후 종군기자가 된 프랑시스코의 자화상.

1944년부터, 독일은 **패전**을 겁내기 시작했고 포로들의 생활 조건은 악화되었다. 식량 배급이 줄고, 수프는 묽어졌으며, 빵에 톱밥이 점점 더 많이 들어갔다. 독일 국방군 구성원들이 점차적으로 나치를 교체했는데, 후자는 수용소에서 저지른 잔혹 행위로 고발되는 것보다 전선에서 체포되는 것을 선호했다.

절멸되거나 독살당하는 것을 두려워하던 포로들은 대량이송 또는 죽음의 상황이 닥칠 경우 반란을 일으키기로 계획한다. 그들은 공산주의자, 사회주의자 그리고 전국노동자연맹(CNT) 구성원이었다.

얼마 지나지 않아, 근처의 전선으로부터 대포 소리가 들렸다. 그리고 **친위대는 도주하기로 결정했다.** 5월 3일, 치라이스는 수용소를 케른(Kern)의 경감과 그 경찰 조직에 맡긴다. 이 조직은 겁에 질린 지역 소방대원들과 나이 많은 **국민돌격대** 신병들로 구성되었다. 국민돌격대는 1944년 히틀러에 의해 조직된 민병대로 16세부터 60세까지의 남자들로 구성되었다. 5월 4일, 그들은 무기를 내려놓았다.

포로들은 이제 **수용소의 선두에 섰다.** 그들은 여러 명의 밀고자와 카포와 경관을 죽임으로써 복수했다. 몇몇 친위대원은 자살을 택했다. 바크마이어가 그런 경우인데, 그는 자기 가족들을 살해한 뒤 머리에 총탄을 쏘았다(이 책에서는 그의 집에서 일어난 일로 재현했는데, 사실상 그들은 도주하다가 죽었다). 사람들은 로르트가 어찌되었는지는 모른다.

친위대가 버리고 간 철모와 군장비 가운데 서서 자세를 잡은 부아. 그는 무기를 들고 사진 찍는 것을 좋아했다.

수용소 해방 후 사진기를 목에 두른 부아. 동료인 헤수스 그라우(Jesús Grau)와 함께.

아펠플라츠에서 공화파 깃발을 세우고 자세를 잡은 스페인 수감자들.

구젠의 미군 병원에서 다치거나 병든 포로들의 사진을 재현한 수채화. 홀로코스트를 다룬 저작들에 부아의 여러 사진이 무단으로 수록되었는데, 유독 이 사진에는 부아의 이름이 달려 있다.

이 무렵 부아는 에르켄눙스딘스트에서 잊고 있었던 **라이카를 탈취했다.** 이 순간부터 촬영된 사진은 모두 부아가 찍은 것이라고 본다. 이 사진들 중 일부는 홀로코스트에 관한 수십 권의 저작물에 촬영가의 이름이 명시되지 않은 채 수록되었다. 피골이 상접한 포로들, 성노예로 전락한 여성 수감자들, 미국인 기자들의 도착 등을 보여주는 사진들이다.

얼마 지나지 않아 **미군 전차병들**이 우연히 수용소를 발견했다. 그들 중 스페인 혈통인 몇몇과는 스페인어로 소통할 수 있었다. 더 분명히 밝히자면, 수용소는 **앨버트 코시크**(Albert J. Kosiek) 중사의 지휘 아래 41기갑대대에 의해 해방되었다. 그들은 선더볼트(Thunderbolt)[121]라는 별명을 가진 미군 11기갑사단 소속이었다.

수용소가 해방되자 포로들은 연합군을 환영하는 **대형 플래카드를** 내걸었다("파시즘에 반대하는 스페인 사람들은 해방군을 환영한다"). 며칠 뒤, **리처드 R. 시벨**(Richard R. Seibel) 대령이 지휘권을 내세우며 포로들에게 무기를 내려놓으라고 강요했다. 그들이 공산주의자들이어서 위험하다고 여겼기 때문이었다.

해방된 지 얼마 지나지 않은 무렵의 부아.

해방을 위해 수용소로 진입하는 미군 탱크(1945년 5월 5일로 추정).

뮌헨 출신인 수용소 사령관 **프란츠 치라이스**는 거만한 언행 때문에 "칠면조" 또는 "칠면조 사육자"라는 별명이 붙었다. 그는 고문기술을 고안하고, 처형을 주재했으며, 목덜미에 총탄을 쏘아 직접 수감자를 살해했다. 그는 겨우 글을 읽고 쓸 줄 아는 사람이었다. 그에 의하면, 마우트하우젠의 모든 부하들은 누구든지 손에 피를 묻혀야 했다. 그는 알코올중독자였다. 그의 아내와 자녀인 이다, 군터 그리고 지그프리트 역시 잔인하여 많은 포로를 죽였다. 지그프리트는 15~20명의 수감자를 살해했다고 인정했다. 힐러에게 높은 평가를 받은 치라이스는 대령 계급을 얻었다. 수용소가 해방되기 전, 그는 도주하려다 크게 다쳤다. 그는 죽어가면서 심문을 받았는데 그 자리에 있던 부아는 그 순간을 필름에 담아 영구화했다. 치라이스는 학살에서 자신이 한 역할을 최소화하려고 했다. 그는 처형한 수가 적으며 자신이 베를린의 명령에 복종했을 뿐이라고 했다. 모든 상황으로 보아 그가 이 유명한 말을 남긴 것은 바로 이때다. "스페인 사람들을 죽이기가 가장 어렵다." 그는 5월 24일 사망했다. 마지막에 한 말은 "나는 한낱 목수일 뿐입니다"라고 한다.

부아와 다른 포로들은 **안나 포인트너**(Anna Pointner)를 방문했다. 그녀는 파시즘에 반대한 여성으로, 독일의 좌파였던 남편은 처형을 당했다. 포샤카가 그녀에게 필름을 맡기기로 했을 때 그녀는 목숨을 걸고 그것을 수락했다. 필름을 우선 지하실에 감췄다가 나중에 집의 벽 틈새에 숨겨두었다.

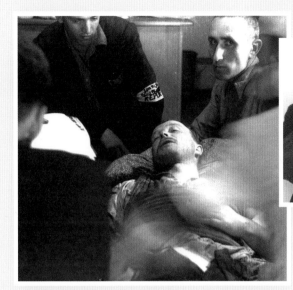

1947년의 릭켄. 체포된 후 그는 다하우에서 재판을 받았다. 종신형을 선고받았으나, 1950년대에 석방되었다.

도주하려다가 부상한 치라이스가 심문을 받고 있다. 이 심문은 부아에 의해 촬영되었다. 그의 모습이 사진의 안쪽에 보인다.

해방 후 사용할 수 없게 된 전차 위에서 자세를 잡은 부아.

안나 포인트너의 집 앞에서 사진을 찍은 부아와 그의 친구들.

수용소에 관한 기사를 쓰기 위해 모인 미국인 기자들 사진을 재현한 수채화.

스페인 강제이주자들: 불가능한 귀환

로사 토란

준비에브 모비유가 스페인어를 번역함.

수용소가 해방된 것이 붉은 군대에 의한 것이든 연합군에 의한 것이든 상관없이, 공화파 생존자들은 고아의 신세가 되었다. 어느 나라도 그들을 필요로 하지 않았다. 아무도 그들을 군인으로 받아들이거나 그들이 입은 심신의 상처를 치료하려 하지 않았다. 프랑스가 제공하는 보호 조치를 받을 수 있게 되기까지는 몇 주가 걸렸다. 대부분의 스페인 포로들은 프랑스로 망명했으나 어떤 운명이 기다리고 있는지 알지 못했다. 그들은 그 상황이 일시적인 것일 뿐이라고 생각했다. 1947년까지 그들은, 연합국이 스페인의 파시스트 정권을 전복하기로 결정한 이상, 스페인으로 돌아가 가족들을 다시 만날 수 있다고 확신했다. 그러나 그 희망은 이뤄지지 않았다. 나치주의와 싸워 이긴 나라들이 유럽의 정치적 균형이라는 명분 아래 프랑코의 과오를 용서했다는 것을 알게 되자 그들은 좌절하고 만다. 냉전은 새로운 희생자를 양산하고 있었으니, 공화파 사람들은 자유로운 스페인으로 돌아가기를 거부하고 새로운 전망 아래에서 미래를 마주해야만 했다.

어떤 이들은 아메리카 대륙으로 새 출발을 하는 한편 다른 이들은 프랑스나 안도라[122]에서 가족과 재회하거나 또는 망명을 받아주는 나라에 정착하여 가족을 만들기로 한다. 새 언어, 새 직장, 새 가족… 프랑코 독재정권이 정상적인 귀환을 방해할 것을 확신하게 된 시기였다. 가족과 건강 때문이든 향수로 인한 것이든, 스페인으로 돌아가기로 한 몇 안 되는 공화파 사람들은 온갖 박해를 받아야 했다. 경찰의 감시, 제재 그리고 다른 제한 조처에 더해 침묵과 무시를 겪어야 했고, 가족을 탄압으로부터 보호하기 위해 자신들이 겪은 일에 대해 함구해야만 했다. 다른 생존자들은 의료적 돌봄과 국가의 배려를 받고 있었지만, 스페인에서 그들은 수용소의 지옥 같은 참상에 대해 공개적으로 발설할 수 없었다. 단지 가족과 친구들하고 이야기할 뿐이었다. 1962년 생존자, 미망인, 고아 들을 모아 마우트하우젠 및 다른 수용소 친우회(La Amical de Mauthausen y otros campos)[123]라는 협회를 설립하자는 안이 나왔다. 그 협회는 여러 차례에 걸쳐 거절된 합법적 위상을 얻기 위해 1978년까지 기다려야 했다. 이 거절이 곧 승자와 패자 사이의 단층, 즉 프랑코의 정치적 토대의 일면을 드러낸다. 수용소 포로였던 사람들이 당한 파문은 수십 년간 지속되었다. 프랑스와 다른 나라에 남기로 한 사람들이 자신들의 소망을 포기하거나 새로운 삶을 시작해야 했다면, 스페인으로 돌아가기로 한 사람들은 침묵과 굴욕에 맞서야 했다.

공화파의 망명은 정치적으로, 지적으로, 그리고 문화적으로 대단히 특별한 유산의 상실을 야기했다. 그 결과 스페인은 30년대의 혁신적 에너지를 잃어버렸으며 오늘날까지 그 후유증을 앓고 있다. 수용소 해방—1945년 5월 5일 마우트하우젠이 마지막으로 해방되었다—은 공화파 사람들에게는 자유의 동의어가 아니었다. 자국에서 자신들의 신분을 빼앗겼을 뿐만 아니라, 자유민으로 돌아갈 가능성마저 포기해야 했기에 그들은 여생을 좌절감 속에서 살아야 했다.

로사 토란

파리 망명

해방 후 외국인 포로들이 자국으로 **돌아갈** 때, 스페인 포로들은 어디에도 갈 곳이 없었다. 그런 이유로 부아는 많은 동향인들과 마찬가지로 마지막 몇 해를 파리에서 살았다.

이 시기와 연관된 이야기들은 비록 만화에는 상세히 설명하지 않았지만, 여기에 언급할 만한 내용이다. 수백 명의 사람들이 새로운 현실, 새로운 나라, 새로운 언어에 적응해야 했고, 어떤 경우에는 거부를, 또 다른 경우에는 연대를 경험한 이야기들이다. 많은 사람들이 귀국을 시도하다가 살해되었다. 히틀러가 죽은 뒤에도 스페인은 독일의 동맹국이었고 그것은 1970년대 말까지 계속되었음을 기억해야 한다. 수년 동안, 생존자들은 신체적 정신적 후유증에 시달렸을 뿐 아니라 침묵이나 친족의 외면을 맞닥뜨렸다. 그들이 겪은 바를 이야기하면, 가족과 친구들은 믿으려 하지 않았고 오히려 그들의 기억과 고통이 과장되었다고 판단했다. 그들은 죽을 때까지 몇몇 동료, 친위대원 그리고 카포의 기억에 시달렸다. 그들 중 일부

파리 오페라 광장에서 열린 프랑코 반대집회에서 직업 사진사로 일하는 부아(사진에 F.B.로 표시).

는 자살함으로써 마침내 평화를 찾았다. 이에 대해 상세한 내용을 알려면 뒤이어 나오는 다니엘 시몽(Daniel Simon)의 글을 읽기 바란다.

대부분의 스페인 포로는 **프랑스**로 망명했다. 그들이 프랑스 군복을 입은 채 프랑스 영토에서 체포되었기 때문에, 프랑스 정부는 프랑스 퇴역군인들(이들은 스페인 포로들을 도울 것을 공식적으로 약속했다)과 여론의 압박에 떠밀려 마침내 재정을 지원하기로 한다. 2004년, 이 지원은 수감자의 아내와 고아들에게까지 확대된다. 프랑스에서 세금이 면제된 지원금이 나오지만 스페인의 경우는 아니었다. 스페인은 그들이 응당 받아야 할 피해 배상금의 일부를 아직도 그들로부터 빼앗고 있다. 애초에 그 피해는 바로 이 나라가 그들에게 부과했던 것이다.

미국 트럭을 타고 파리로 출발하는 스페인 수감자들.

파리로 출발하는 스페인 수감자들.

해방 뒤 소풍을 즐기는 부아.

151

파리에서 부아, 1945년.

포로들의 귀환은 세 가지 점에서 매우 실망스러웠다. 첫째, 사진의 대대적인 배포가 이뤄지지 않았다. 몇몇 사진은 1945년 6월 《르가르》[125]와 《스수아르》[126]에 게재되었지만, 부아는 훨씬 더 많은 사진을 가지고 있었다. 그것들 중 여러 장은 나치 지도자들을 고발하기 위해 혐의를 조사하던 사람들의 주의를 끌었는데, 결과적으로 대단히 유용한 자료로 드러났다. 그러므로 필름을 수용소 밖으로 빼돌리기 위해 위험을 무릅썼던 그의 행동이 헛수고로 돌아가지는 않았다.

둘째, 강제수용소에서 죽지 않은 공산주의자들에 대해 스탈린이 내린 "사형선고"다. 수용소 생존자들은 배신자 또는 스파이가 될 가능성이 있는 사람들로 간주되었다. 소련에 피신한 사람들 중 공산주의자 공화파 병사부터 "러시아의 아이들"에 이르기까지 수많은 사람들에게 굴라크[127]행이 강요되었다. 마우트하우젠 생존자 가운데 대부분은 당에서 제명되었다.

셋째, 연합국은 스페인을 해방하지 않았고 유럽 최후의 주요 파시스트 독재자를 위협하지도 않았다. 그는 마지막 날까지 평화롭게 살았다.

1945년 11월, 파리에서 부아. "참고로 알려주겠는데, 네가 생각하는 것과는 달리, 나도 전화기를 사용할 줄 알아. 친구 F. 부아로부터"라고 적힌 메모가 보인다.

이 사진은 특별히 만화 애호가들의 마음에 들 것이다. 부아와 그의 친구 호세 카브레로 아마트(José Cabrero Amat)가 보이는데, 그는 《뤼마니테》[124] 일간지에 연재된 만화 〈피프 르 시앙(Pif le chien)〉의 작가다. 카브레로 아마트와 부아는 마우트하우젠에 함께 있었다. 베니토 베르메호는 피프(Pif)의 코믹 스트립에서 사진사 모습으로 등장한 부아를 알아보기까지 했다.

안토니오 에스포린(Antonio Esporrín), 호아킨 로페스 라이문도 (Joaquín López Raimundo) 그리고 프랑시스코 부아.

놀라운 망명자, 프랑시스코 부아

마우트하우젠 수용소의 2000명 스페인 공화파 생존자의 두 번째 프랑스 망명

다니엘 시몽(Daniel Simon)
마우트하우젠 친우회 회장

오늘날 세계에서 벌어지고 있는 수많은 일 가운데 망명자들이야말로 관찰하기에 가장 좋은 대상이 되지 않았나 싶다. 집단이주의 와중에도 국경 없는 인도주의적 의식에 호소하는 집단적인 정체성의 표명은 외국인 혐오나 기존 정착 시민들의 이기주의에 부닥치곤 한다. 언제나 불평등한 이 대결에서 인간성의 요구가 승리하기를 바라건만 물질적·법적·정치적 수단은 어쩔 수 없이 부족하기 마련이다. 그렇지만 이 인간성의 요구는 사라지지 않으며, 비영리단체의 자원봉사 활동 또한 할 수 있는 대로 그 힘의 관계에 영향을 미치고 있다.

망명자의 조건과 이와 연루된 인간적 비극은 시대를 초월한 보편적인 현상이지만, 그것을 문제시하게 된 것은 현대에 이르러서다. 오늘날 모든 것—상품, 정보, 심지어 대원칙들까지—이 요구하는 자유로운 이동이 일반인에 대해서는, 국경선의 개념에 거의 의문을 품지 않았던 1930년경보다 훨씬 더 어렵다는 사실을 어떻게 정당화할 수 있을까? 강제 추방되어 무엇보다 수용지가 필요한 망명자들에게 인정과 공감, 더 나아가 연대의 어떤 표시를 감히 보여줄 수 있을까?

눈을 뜨고 사는 것만으로도 충분하다는 현실이 우리를 엄습한다. 하지만 선별적 동정심이라는 환상을 걷어내기 위해서는 앞을 내다보며 현실을 마주하는 시각이 언제나 유용하다. 먼저 하나의 카테고리에서 다른 카테고리로 넘어가야 한다. 몇몇 비극적 디아스포라 혹은 단 하나의 디아스포라의 기억에 깊이 연루된 사람들은 타인에 대한 증오 때문에 문 앞의 방랑자를 적대적인 무관심으로 바라볼 수 있다. 그다음은 현재에서 과거로 이동해야 한다. 스페인 내전에서 패배한, 수만 명에 달하는 사람을 1930년대 말 프랑스에서 강제 추방한 것이 전형적인 사례다. 그 망명자들은 정당한 자부심을 품고 있었기에 프랑스에서 자신들이 이해받을 것이라고 믿었다. 당시 프랑스는 유럽 곳곳에, 때로는 유럽을 넘어, "인권의 본고장"이라는 이미지를 전파하고 있었다. 인민전선[128] 시절의 프랑스는 한층 더 그러했다. 하지만 우리가 아는 바와 같이, 당시 스페인 망명자들은 우리 공화국이 문을 연 집단 수용소에서 끔찍한 경험을 해야만 했다.

프랑스에 망명한 스페인 공화파 전투원들 가운데 프랑스 군복을 입고 다시 싸웠기 때문에 마우트하우젠으로 강제이송된 약 7000명은 어떤 영향을 주었나? 나치 수용소에서 살아남은 2000명의 생존자 대다수는

1945년 프랑스로 두 번째 망명을 선택할 수밖에 없었다. 우호적으로 맞이한 몇몇 곳을 제외하면 그들은 거의 주목받지 못했다. 하지만 그들은 내면에 불굴의 힘을 간직하고 있었으니, 바로 역경에 맞서 저항하는 것이었다. 프랑시스코 부아라는 인물은 우리의 의식을 밝히는 무언가를 지닌 인물이었다. 그는 마침내, 스페인에서 먼저, 망각을 뚫고 나오기 시작했다. 이 인물은 그 시절 파리에서 가까이 지내던 사람들에게 어떤 인상을 남겼을까? 약간은 비밀스럽고 매력적인 투사, 약간의 자취를 남기고 순식간에 사라져버린 미소 짓는 "얼굴"(1951년에 사망), 수용소 시절과 그 이후에 중요한 활동을 하면서 증거를 남긴 인물이라는 이미지. 마우트하우젠 수용소에서 그는 스페인 수감자들의 지하 레지스탕스 한가운데에 있었다. 그는 주요한 자리(나치 친위대 사진 현상소)에 배치되어 스페인 레지스탕스와 나치 수용소 역사상 아주 중요한 첫 계획—수백 장의 나치 친위대 필름 훔치기!—을 실행한 당사자였다. 해방 후에는 현상소에서 탈취한 라이카로 사진을 찍었다. 그는 빼돌린 필름(마우트하우젠의 학살자들)에 대해 증언하기 위해 뉘른베르크와 다하우 법정에 증인으로 출석했다. 몇몇 스페인 사람들이 유용한 나치 친위대의 기록물(그 기증사진들 가운데 특별한 것들은 마우트하우젠 친우회에 의해 국립기록보관소에 위탁되었다)을 가져온 파리에서, 우리는 공산당 매체《스수아르》, 《뤼마니테》, 《르가르》에 고용된 사진사로 정치적인 행사의 현장에 있었던 그를 다시 발견한다. 그 후 그는 파리 근교 공동묘지에 묻혔고, 그 뒤 수십 년간 다른 이들이 수용소와 수용소의 스페인 포로들의 기억을 재건하게 두었다. 그의 모습은 얼마 전부터 책과 영화에서 떠오르고 있으며, 하나의 아이콘으로 더 크고 더 강한 울림을 발견하는 중이다.

마우트하우젠 스페인 포로들의 귀환은 지체되었고 복잡했다. 본국 송환은 물론 아니었는데, 이는 스페인의 프랑코 정권이 그들의 송환을 금지하기도 했고, 해방군으로 온 미군이 "명령을 받은 바 없음"이라는 식으로 포로들이 프랑스로 돌아가는 데 동의하지 않았기 때문이기도 했다. 그렇다고 하더라도 상황은 명백했다. 일례로 마리아노 콘스탄테는 이렇게 단언했다. "우리로서는 의심의 여지가 없었다. 우리는 프랑스로 귀환될 것이었다." 콘스탄테가 속한 그룹은 스위스에서 3주간 머물렀는데, "스페인 빨갱이들"의 출현은 현지 사람들을 불안하게 했다. 그들 대부분은 6월 18일부터 파리에 도착했는데, 그것은 수용소가 해방된 지 6주가 지난 뒤였고 프랑스인들이 귀환한 지 한 달이 넘어서였다. 그렇지만 법적인 면에서 그들의 상황은 1939년보다는 나아졌다. 1945년 3월 15일 마침내 그들은 정치적 망명인의 지위를 법적으로 인정받을 수 있었고, 사회권을 획득하게 되었다. 그들은 프랑코가 무대에서 사라지기를 바랐으나 어이없게도 연합국은 그를 그대로 두었다! 그 상처는 치유될 수 없었다. 이제 그들은 지속가능한, 더 나아가 최종적인 망명지에 정착해야만 했다. 프랑스의 장관이 파리에 있는 페르라셰즈 공동묘지[129]에 안장된 스페인 공화파 포로들에게 공식적으로 경의를 표한 것은 2000년이 되어서였다.

1945년에 두 곳의 진정한 수용지가 마우트하우젠의 스페인 공화파 생존자들과 프랑스 망명자들에게 제공되었으니, FEDIP(툴루즈 소재, 무정부주의 경향)와 마우트하우젠 친우회가 그것이다. 후자는 1945년 9월 파리에서 만들어진 것으로 정치적 정체성은 없었으나 당시 프랑스 공산주의자 포로들이 다른 정치적 입장의 사람들과 함께 기초를 다졌다. 이로써 스페인 동지들은 편안함을 느꼈다. 진실은 그들을 통해 증언될 것이고 끊임없이 반복될 것이다.

이어서 일어난 일들은 세상을 떠난 부아가 보지 못한 것들이다. 스페인 포로들에 대해 독일은 피해배상금을 지급하기로 결정했다. 1962년 파리 소재 마우트하우젠 친우회는 수용소 자리에 스페인 공화파 포로 기념비를 건립했다. 1975년 프랑코의 죽음은 1939년 이래 계속된 프랑코의 끔찍한 탄압에 대한 인정도, 공화국의 재건도 동반하지 않았다. 하지만 스페인에서 '마우트하우젠 및 다른 수용소 친우회'가 창설되었고 (1978), 안전하게 국경을 통과할 수 있게 되었다.

최근 들어, 프랑스의 친우회는 프랑스-스페인 이중의 정체성을 한층 더 인지할 수 있게 했다. 파블로 에스크리바노(Pablo Escribano), 알렉산드레 베르니조(Alexandre Vernizo)의 장례식에 친우회 깃발을 세운 것이다(2013년 공식 투표를 통해 스페인 공화국 깃발의 장식 휘장을 친우회 깃발에 다는 것이 결정되었다). 2012년 파리 시청에서 열린 제44차 친우회 대회 자리에서 마우트하우젠에 대한 스페인의 다방면에 걸친 기억이 공유되었다. 스페인, 오스트리아, 프랑스에서 온 이 분야 주요 전문가의 연구 결과가 발표되었다. 프랑시스코 부아에 한정된 것으로는, 오늘날 그의 묘지를 영속시킬 것을 강하게 요청받고 있다. 행정적으로나 재정적으로 간단하지 않은 일이지만, 이 일에 큰 관심을 두고 있는 마우트하우젠 친우회는 처음부터 인하에 대한 책임을 맡아 교섭을 벌이며 최대한 다방면으로 힘을 동원하고 모아, 프랑스의 문화적 역사적 유산의 귀중한 일부인 프랑시스코 부아의 커져가는 명성에 걸맞은 해결책을 찾느라 열심히 일하고 있다.

다니엘 시몽

뉘른베르크에서 부아가 촬영한
마리-클로드 바이앙-쿠튀리에.

만화의 마지막 부분은 압축된 방식으로 프랑시스코에게 닥친 파란곡절과 뉘른베르크 법정의 증언, 그리고 레지스탕스의 영웅인 마리-클로드 바이앙-쿠튀리에와의 만남을 이야기하고 있다. 우리가 보기에 마리-클로드 바이앙-쿠튀리에는 프랑시스코 부아를 이해할 수 있었을 몇 안 되는 인물 가운데 하나이자 우리가 경의를 표하는 인물이다. 전쟁이 일어나기 전 사진사로 활동한 전력이 있기에, 우리는 부아와 그녀가 대화 주제의 하나를 사진에서 찾았으리라고 짐작한다.

뉘른베르크 재판소에서 부아와
마리-클로드 바이앙-쿠튀리에.

당신은 증언할 수
없습니다.

부아가 방문한 당시 촬영한 뉘른베르크 시내 일부.

프랑시스코는 뉘른베르크 재판에서 증언하도
록 소환되었고 따라서 법정에 들어갈 수 있었
으나, 우리는 94쪽 장면을 통해 진짜 일화를
상세하게 이야기하고 싶었다. 나중에 그는 프
랑스 출국 허가를 받지 못해 기자로서 그리스
에 갈 수 없었다. 바로 그것이 무국적 수용소
생존자들의 처지였다. 그들은 프랑스 사람도

아니고 스페인 사람도 아니었기 때문이다.
재판에 관해 말하자면, 부아는 1946년 1월 28일
과 29일 증인석에 소환되었다. 법정의 심문과 증
언은 공식적인 기록을 따랐다. 하지만 대화는 약
간 각색하여 활용했으며, 정의보다 전후 경제와
외교에 중점을 두었던 당시 유럽의 정치상이 반
영되도록 처리했다.

부아가 알베르트 슈페어[130]를 손가락으로 가리키며 고발하는 순간. 우리 이야기에서는 알베르트 슈페어를 칼텐브루너로 바꿨다.

마우트하우젠에서 힘러, 치라이스 그리고 칼텐부르너의 행적을 증명하는 사진들 중 하나.

부아는 스페인 사람들의 강제 수용과 관련하여 프랑스와 프랑코 정권의 책임에 대해 증언하는 것이 허락되지 **않았다**. 그가 해당 주제에 대해 이야기하려고 시도하면, 프랑스 대표단의 차장 검사장은 그에게 "별로 중요하지 않음"이라고 대응했다.

우리 이야기 속에서 부아는 **손가락으로 가리키며** 에른스트 칼텐브루너를 **고발한다**. 그는 실제로는 군수장관을 지낸 알베르트 슈페어를 **기록 영상**에서 보이는 것처럼 지목했다. 하지만 우리는 이야기의 일관성을 유지하기 위해 슈페어를 칼텐브루너로 대체했다.

Star Witness Incriminates Nazis

While Mauthausen Prisoner, Spanish Republican Steals 2,000 Negatives

The curly-haired, smooth-faced lad fingered his way through a bright little tune on the piano keys. Just another EATS passenger sweating it out in the lounge.

Francisco Boix is now twenty-five. A loyal son of Barcelona and the Spanish Republic, he volunteered to fight Franco's troops on the Madrid front at the age of fifteen. His mother was killed when the Germans bombed Barcelona, and his father died in a Franco concentration camp. This, plus his thirty-two months of action in which he was wounded three times, was but a short prologue to succeeding events.

When the Republic fell to its enemies, Francisco escaped to France, only to be seized by the Daladier regime and interned in a concentration camp for nine months with others like himself. The follow-

ing eight months saw him at hard labor building roads in the Vosges mountains.

In 1940, when the Wehrmacht overran France, the interned Spanish Republicans exchanged taskmasters. The Germans shuffled them from one PW camp to another, for a while, Belfort, Mulhouse, Hanover. Then, one day, the Spanish anti-fascists were told they were returning to Spain. Fearing Franco reprisals, they expressed their unwillingness to go back. The Germans then committed them to Mauthausen concentration camp with other victims from all over Europe. There, out of an original number of 8,000 Spaniards, 6,600 were murdered by every form of sadism the imaginative Nazi mind could devise-electrocution, shoot-

(Please turn to page two)

(continuado en otro lado)

재판이 진행되던 기간에 프랑시스코 부아가 촬영한 뉘른베르크 시내.

이 네덜란드 유대인들은 전기 철조망에 투신하도록 강요받았을 가능성이 크다.

1946년 10월 16일, 칼텐브루너는 다른 10명의 나치들과 함께 **교수형**을 당했다. "다하우 재판" 결과, 49명의 다른 나치들이 교수형에 처해졌다. 마우트하우젠을 거쳐 간 1만 5000명의 친위대원 가운데 200명만이 재판을 받았다. 대부분의 친위 대 장교들과 게슈타포는 체포되지 않았으며 재출 발하여 다른 삶을 살았다.

나치 지도자들이 마우트하우젠에서 일어나는 일 들을 온전히 파악하고 있었다는 사실이 부아의 필름들을 통해 증명되었고, 이로써 그들을 처벌 할 수 있었다. 하지만 프랑시스코는 자신이 빼돌 린 수천 장의 필름 가운데 단지—추정에 따르면 —18장만을 재판정에서 보여줄 수 있었다.

다른 사진들처럼 릭켄에 의해 촬영된 사진. 흙을 채운 광차를 미는 스페인 포로들.

자신의 허리띠로 목을 맨 러시아 유대인.

법정에서 부아가 증언한 일화를 보여주는 사신들 중 하나. 도수했다가 잡혀 나치에 의해 처형된 한스 보나레비츠(Hans Bonarewitz)는 본보기용 처벌로서, 다른 수감자들 앞에서 오케스트라 음 악에 맞추어 행진해야 했다.

방문객을 위해 수감자에게 일하는 방식을 보여줄 것을 요구하는 치라이스.

부아에 따르면, 이 포로는 머리에 총탄을 맞은 뒤 철조망에 던져졌다. 탈출 시도를 한 것으로 믿게 하기 위함이었다.

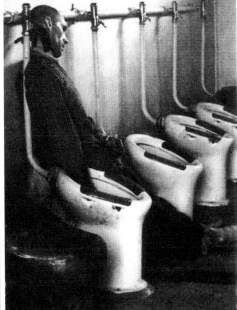

이 포로는 몇 분간 목을 매는 것과 처형되는 것을 놓고 양자택일해야 했다.

채석장의 고지에서 70미터 아래로 던져진 남자의 시신.

부아에 따르면, 철조망 근처의 돌들을 주워오도록 명령을 받은 네덜란드 유대인들은 죽인 포로 수만큼 특별수당을 받는 경비병에 의해 살해되었다.

이 책의 마지막 장면은 프랑시스코가 누이인 누리아와 재회하기 위해 **프랑스-스페인 국경**[131]을 찾는 순간이다. 그들은 서로에게 전부였다. 그들의 어머니는 전쟁 전에 세상을 떠났고 아버지는 1942년에 사망했다.

프랑시스코가 **기침을 하는 이유**는 몇 년 뒤 그를 저세상으로 데려가는 병을 앓고 있었기 때문이다. 아마도 결핵이었을 것이며, 마우트하우젠에서 걸렸을 것이다.

우리 이야기의 시작과 끝. 프랑스-스페인 국경선에서 누이동생 누리아를 기다리는 부아.
이 상징적인 재회는 실현되지 않았다.

마우트하우젠의 다른 사진들과 부아가 억류 중에 쓴 《스파니아커(Spaniaker)》라는 제목의 책도 언젠가 발견될 수 있을까?

마리안과의 일화는 실화에 근거한다. 프랑시스코는 여성들과 대화하는 데 아무런 어려움이 없었다. 많은 사진이 증명하고 있듯이 그는 여성들과 함께 사진을 찍을 기회를 놓치지 않았다.

부아는 자신의 유산인 사진과 서류 전체를 모처에 옮겨놓았다. 베니토 베르메호와 같은 사학자들은 부아가 빼낸 필름이 드러난 것보다 더 많을 것으로 추정한다. 부아 스스로 가방에 2만 장 이상의 필름이 들어 있다고 밝혔으니, 파리 어딘가에 남아 있을지도 모른다. 그게 사실이라면, 로버트 카파[132]의 그 유명한 "멕시코 가방"[133]처럼 어느 날 그 필름들이 발견될 수도 있다.

그와 같은 발견이 처음은 아닐 것이다. 스페인 시민전의 모습을 담은 706장의 사진 묶음이 2013년에 발견된 일이 있다. 그것은 부아가 아주 젊었을 때 촬영한 것으로 라소시아시옹 포토코넥시오(l'association Fotoconnexió)에 의해 확인되었다.

프랑시스코는 많은 스페인 포로들이 고향으로 돌아가려고 하다가 당했던 것처럼 체포되거나 총살되지 않는 이상 스페인 영토를 밟을 수 없었다. 우리는 도입부의 서스펜스가 그대로 남아 있기를 바랐다. 프랑시스코는 마침내 국경을 넘어 스페인으로 돌아가기로 결정할까?

그날 부아가 여동생인 누리아를 재회하지 못했던 것(그녀는 약속장소에 나타나지 않았다)과 남매간의 재회가 결코 이뤄지지 않았다는 것을 우리는 분명히 안다. 다른 많은 스페인 포로들의 경우처럼.

만화의 마지막에 프랑시스코는 하모니카로 스페인 내전 당시 유명한 노래를 연주한다. 아마도 그가 좋아했던 노래들 중 하나일 것이다. 〈나에게 편지를 쓰고 싶다면〉[134]은 이 상황에 아주 적절한 제목의 노래다.

프랑스시코의 누이동생인 누리아 부아.

1945년 11월, 파블로 피카소를 사진에 담고자 한창 작업 중인 부아.

카메라를 들여다보는 부아. 기자로서 그의 자질을 고려하면, 아마도 영화 카메라 한 대 정도는 사용했을 것이다. 만약 그렇다면 언젠가 그가 찍은 영화가 발견될 수도 있다.

수용소에 억류되었던 9328명의 **스페인** 수감자 가운데 59퍼센트는 그곳에서 죽었다. 마우트하우젠 수용소는 단독으로 7532명의 스페인 포로를 "수용했다." 4816명이 살해되었고 그중 3959명이 구젠에서 살해되었으니 거의 65퍼센트에 달한다. 전체 사망자의 90퍼센트가 1941년과 1942년[9]에 발생했다. 해방 후 많은 생존자들이 질병과 수용소의 가혹한 처우의 결과로 사망했다. 한편 남은 자들은—남자들, 여자들 그리고 아이들—망명지에서 고통스러운 일들을 겪게 된다. 그들 중 소수만이 현재까지 생존해 있다. 그들은 역사가 되풀이되지 않도록 하기 위하여 자신들의 이야기를 들려주고 있다. 그들이 자녀들과 손주들에게 토로한 이야기는 결코 잊히지 않을 것이다.

프랑시스코는 사진사로 일하던 파리(그곳에서 피카소를 만나기도 했다)에서 사망했다. 1951년 7월 7일, 31세가 된 지 얼마 안 된 때였다. 마우트하우젠 수용소에서 얻은 병 때문일 것이다.

해방 후 스페인공산당(PCE)이 부아에 대해 기록한 내용을 다시 보는 것은 흥미롭다. "프란세스크 보이스. 정치적으로 아무런 준비가 안 됨. 규율이라고는 전혀 볼 수 없음. 무정부주의자. 당파주의

9 이 수치는 입증된 건에 한해 인용했음을 염두에 둬야 한다. 실제로는 더 많을 가능성이 있다.

해방 후 종군기자로 활동하는 프랑시스코의 자화상.

François BOIX
photographe à l'Humanité
est mort hier
des suites des sévices subis dans les camps de concentration de Daladier et de Hitler

François BOIX
(Lire l'article en 4e page)

프랑시스코의 부고.
1951년 7월 7일 사망으로 일간지 《뤼마니테》에 게재됨.

자. 자주 징계를 받았음. 그 점을 제외하면 그는 아주 훌륭하게 일했음." 규율이라고는 전혀 없었던 그의 성향 덕분인지 사진을 빼돌리는 일을 했음에도 불구하고 사회주의청년연합(JSU)에서 제명되지 않았다. 수용소 생존자인 라미로 산티스테반(Ramiro Santisteban)은 부아에 대해 이렇게 말했다. "진짜 배짱이 좋았다. 하지만 조금이라도 기회가 되면 주저하지 않고 도움을 주었다. 그에게 사람들이 기념비를 세워줄 만하다."

다른 많은 포로들과는 달리, **프랑시스코**, 프란세스크 또는 파코 부아라는 이름은 역사가들과 기록관리자들과 그의 숭배자들 덕분에 잊히지 않고 있다. 티에 공동묘지[135]에 안장되었다가 묘지의 임대 기간이 만료되어 공동묘혈로 들어갈 위험에 처했던 그의 시신은 당국의 출석하에 2017년 6월 16일 페르라셰즈 묘지로 이송되었다.

프랑시스코는 수많은 사람들의 용기를 구현하고 있다. 그의 이야기는 멈추지 않고 계속 이야기하는 이들 덕분에 불멸할 것이다.

2017년 6월 16일 행사에 영감을 받은 수채화.

후기

거의 70년이
더 지난 스페인에서…

이 그래픽 노블의 목적은 프랑시스코 부아와 그 동료들의 특별한 이야기를 들려주려는 것만이 아니라 스페인 홀로코스트와 생존자들의 운명을 알리는 것이다.

이상하게도, 스페인 홀로코스트는 스페인 역사학에서 거의 논의되지 않았고 대중문화에서도 별로 눈에 띄지 않는다. 그러므로 다른 나라에서 이 역사를 잘 모르는 것이 놀랍지 않다. 사람들은 쇼아[136]를 이야기하고 집시와 동성애자와 정치범에 대한 홀로코스트에 관해 이야기하지만, 스페인 홀로코스트에 관해서는 거의 말하지 않으며 스페인에서조차 그러하다. 이 상황이 더욱 기이한 것은 홀로코스트가 전쟁 중에만 또는 강제수용소에서만 일어난 일이 아니기 때문이다. 파시즘은 제2차 세계대전 중에 수만 명의 스페인 사람을 죽였을 뿐만 아니라 전쟁 전과 후에도 그러했다. 현재까지 추정으로는, 스페인 내전 때와 전쟁 후 프랑코 독재의 길고 끔찍한 세월 동안 5만에서 40만 명이 사망했다.

사람들은 그동안의 고통을 보상하고 역사의 이 어두운 페이지를 만인에게 밝히는 데 스페인 정부가 권한 내에서 할 수 있는 모든 것을 다하기를 바랄 것이다. 하지만 실상은 전혀 그렇지 않다. 2017년 현재까지도, 1977년 법은 전쟁과 프랑코 정권 때 학대와 고문과 집단학살을 저지른 사람들에 대한 재판을 금지하고 있다.

오늘날까지 불법적으로 처형된 약 13만 6000명의 유해가 유족들에게 돌아가지 않았고, 결과적으로 그들에게 알맞은 묘지조차 제공되지 못했는데, 살인자들은 반인도적범죄(反人道的犯罪)를 저지르고도 법정에 출두한 적이 없다. 스페인은, 캄보디아 다음으로, 전 세계에서 두 번째 최다 실종자를 기록한 나라인데도, 실종자 신원확인이나 사체발굴을 하지 않았다. 2007년, 스페인 정부가 프랑코 정권 때 희생된 사람들의 신원을 확인하고 사체발굴을 하고 가족과 수감자들을 위한 단체에 재정적 지원을 하도록 법이 통과되었다. 그러나 2013년, 정부는 이 법을 적용하는 데 단 한 푼도 주지 않았고 사실상 법을 폐지한다. 그런 식으로, 범죄인과 마찬가지로, 스페인은 자국의 법을 위반하고 만다. 같은 해, 카탈루냐 정부 대표단이 히틀러 군대 편에서 싸웠던 푸른 사단(División Azul)이 참석한 추모식에 출석한 것을 대체 어떻게 보아야 하나?

국제앰네스티(Amnesty International), 휴먼 라이츠 워치(Human Rights Watch), 유럽 평의회(le Conseil de l'Europe), 국제연합(UN)과 같은 단체들은 스페인 정부에 이들 범죄 행위에 대해 조사를 하고 사면법을 폐기할 것을 강하게 요구했으나 헛된 일이었다. 그 이유는 분명하다. 스페인은 1978년 민주주의 국가가 되었지만 그 조건은 자국의 과거를 잊는 것이었다. 그런 방식으로 처신한다면, 스페인이 진정한 민주주의 국가라 할 수 있는가? 오늘날까지도, 우리나라의 정치인들, 기업인들, 사제들, 판사들, 왕가의 많은 이들이 프랑코에게 복종하는 법의 혈연적 또는 정신적 계승자들이다. 즉 "모든 것은 연결되어 있고 그것도 단단히 결속되어 있다." 그렇지 않다면, 한편으로는 반인도적범죄에 대해 관용을 베풀면서 다른

한편으로는 그 범죄의 희생자와 그 가족들을 무시하는 처사를 어떻게 설명할 것인가?

과도기의 세대는 잊어버리자고 약속했을지라도, 다음 세대는 그런 약속을 하지 않았다. 우리 세대는 침묵하기를 거부하고 말하고 증언하기를 약속하는 세대다.

그렇기 때문에 정상적인 나라에서는 우리 이야기의 중심인물이자 뉘른베르크 법정에서 증언한 유일한 스페인 사람인 프랑시스코 부아가 영웅으로 평가된다. 용기와 저항과 자유의 상징으로 말이다. 부아나 수만 명의 공화파 사람들과 마우트하우젠 수감자들과 망명자들이 겪은 일을 아는 사람들은 실제로는 별로 없다.

따라서 우리의 의도는 그들이 하던 일을 계속하는 데 있다. 즉 마우트하우젠의 이야기를 모두가 알 수 있게 이야기하는 것이다.

그렇지 않다면, 생존자들과 그 후손들은 "S"가 새겨진 파란색 삼각 표식이 보여주는 것처럼 스페인 사람이면서 동시에 무국적자였던 수감자들과 같은 운명을 겪게 될 것이다. 다른 국적의 생존자들이 자유인으로서 본국으로 되돌아갈 때, 스페인 사람들은 자국의 지도자들에게 버림받아 갈 곳이 없었고, 오늘날 우리가 누리는 자유를 옹호한 사람으로서 응당 가질 영예나 재정적 보상을 받지 못한 채 망명살이를 해야 했다.

그들의 이야기는 그것을 증언하는 사람들이 있는 한 결코 망각 속으로 떨어지지 않을 것이다.

2017년 3월, 살바 루비오

도서와 다큐멘터리

Armengou, M.
El Comvoi dels 927
[documentaire].
Televisió de Catalunya,
RTVE, 2005.

Batiste Baila, F.
*El sol se extinguió en
Mauthausen : vinarocenses
en el infierno nazi.*
Vinaròs : Antinea, 1999.

Bermejo, B.
*Francisco Boix : el fotógrafo
de Mauthausen.* Madrid :
RBA, 2002. (Bientôt
disponible en français
aux Éditions Territoires
de la Mémoire).

Collectif.
*La part visible des camps –
Imágenes y memoria
de Mauthausen.* Vienne :
Bundesministerium
für Inneres, 2005.

Fernández Pacheco, A.
*Mauthausen, una mirada
española* [documentaire].
RTVE / Chaya Films, 2007.

Gallart, Vivé E.
*Los republicanos
españoles en el sistema
concentracionario del
KL Mauthausen :
« el kommando César ».*
Monographies de l'exil es-
pagnol, 9. « Memoria Viva »
Asociación para
el Estudio de la De-
por-tación y el Exilio
Español, 2011.

García Gaitero, P.
*Mi vida en los campos
de la muerte nazis.*
Trobajo del Camino (León) :
Edilesa, 2005.

Hernández de Miguel, C.
*Los últimos Españoles de
Mauthausen.* Barcelona :
Ediciones B, 2015.

Llorente, M. et Ripoll, L.
El Triángulo Azul
[pièce de théâtre].
Madrid : Instituto
Nacional de Artes
Escénicas y de Teatro,
2014.

Massaguer, L.
Mauthausen, fin de trayecto
(Édition de María de los
Ángeles García-Maroto).
Madrid : Fundación
de Estudios Libertarios
Anselmo Lorenzo, 1997.

Pike, D. W.
*Españoles en el Holo-
causto : vida y muerte
de los republicanos en
Mauthausen.* Barcelona :
Debolsillo, 2008.

Sella, J. et Tomàs, C.
*Mauthausen, el deber de
recordar* [documentaire].
RTVE, 2000.

Soler, Ll.
*Francesc Boix, un
fotógrafo en el infierno*
[documentaire].
Area Tv, 2000.

Toran, R. et Sala, M.
*Mauthausen. Crònica
gràfica d'un camp de con-
centració.* Barcelona :
Viena Edicions, 2002.

Toran, R.
*Mes enllá de Mauthausen:
Francesc Boix, fotograf.*
Museu d'Història
de Catalunya, 2015.

Vergara, P.
*Más allá de la alambrada :
la memoria del horror*
[documentaire].
Sorolla Films, 2005.

Vilanova, M.
*Mauthausen, después.
Voces de españoles
deportados.* Madrid :
Cátedra, 2014.

Divers auteurs.
*Més enllà de Mauthausen.
Francesc Boix, fotograf.*
Museu d'Historia
de Catalunya, 2015.

웹 사이트

deportados.es

amical-mauthausen.org

campmauthausen.org

mauthausen-memorial.org

참고자료

미주

1 프란츠 치라이스(Franz Ziereis, 1905~1945). 나치 독일 친위대 대령(SS-Standartenführer)으로, 마우트하우젠 강제수용소(KZ Mauthausen) 소장이었다. 마우트하우젠 강제수용소가 미군에 의해 해방된 후, 가족과 함께 도망쳤으나 1945년 5월 23일 발견되었다. 도주하려 했기 때문에 총격을 당해 구젠(Gusen)의 미군 병원으로 옮겨졌지만, 그다음 날 사망했다.

2 마우트하우젠(Mauthausen) 강제수용소는 오스트리아의 오버외스터라이히주(Oberösterreich州) 소재 마우트하우젠에 있던 나치 강제수용소. 오스트리아가 나치 독일에 합병된 직후인 1938년에 설치되었다. 1945년에 미군에 의해 해방될 때까지 약 33만 명이 수감되었으며, 그중 12만 명 이상이 죽었다.

3 señorita. 스페인어로 젊은 여성을 부를 때 쓰는 말.

4 이 책의 주인공 '프란시스코'의 이름은 라틴어 프란키스쿠스(Franciscus)에서 유래했다. '프랑크인', '프랑스 사람'이라는 뜻으로 나라와 지역별로 표기와 발음이 조금씩 다르다. 예를 들면, 스페인은 프란시스코(Francisco), 카탈루냐는 프란세스크(Francesc), 프랑스는 프랑수아(François), 독일은 프란츠(Franz), 영어권에서는 프랜시스(Francis)와 프랭크(Frank) 등이 있다.
이 책의 주인공의 스페인식 이름은 프란시스코 보이스 캄포(Francisco Boix Campo)이고 그의 고향인 카탈루냐식 이름은 프란세스크 보이스 이 캄푸(Francesc Boix i Campo)이다. 파코(Paco)는 프란시스코의 애칭이다. 프랑스에 망명한 그는 이름을 'Francisco Boix'로 등록했고 프랑스식 발음에 따라 '프랑시스코 부아'라 불렸다. 이 책에서는 주인공의 프랑스식 이름을 기본으로 사용하되 스페인 발화자 등 몇몇 특별한 경우에는 스페인식 발음을 따라 한글 표기를 했다. 따라서 로마자 표기로는 하나인 'Francisco'에 대해 두 가지 한글 표기(프랑시스코, 프란시스코)가 나온다.

5 Núria. 카탈루냐에서 대중적인 여자 이름으로 '누리아의 성녀'에서 비롯되었다. 이때 누리아는 지명이다. 스페인에서는 액센트 없이 'Nuria'라고 쓴다.

6 Marianne. 프랑스의 여자 이름. 마리안은 또한 '자유, 평등, 박애'라는 말로 상징되는 프랑스 공화국의 가치를 의인화한 인물의 명칭이기도 하다.

7 Raus!! 독일어로 '밖으로'라는 뜻. 수용소의 나치 친위대원들은 유럽 각지에서 강제로 끌려온 이들에게 도착하자마자 독일어로 명령하고 욕을 퍼부었다.

8 1936년 스페인의 공화파와 독일·이탈리아의 파시스트 정권의 지지를 받은 프랑코 장군의 우익 군부 사이에 일어난 내전으로 1939년 프랑코 장군의 승리로 끝났다. 패전한 공화파 지지자들은 대거 망명길에 올랐고 프랑스로 피신한 사람의 수 만 50만 명에 달하는데, 프랑시스코도 이 피난 대열에 있었다.

9 Ariège. 프랑스 남서부에 자리한 주. 스페인 내전 때 패전한 공화파 사람들이 대거 프랑스로 피난을 오자 프랑스 정부가 외국인 망명자들을 수용하기 위한 시설로 베르네 수용소(Camp du Vernet)를 이곳에 열었다. 프랑스의 수용시설은 규모나 환경이 열악하기 이를 데 없어 많은 스페인 사람들이 이곳에서 목숨을 잃었다.

10 Rotspanier. 독일어로 '스페인 빨갱이'.

11 Ich sagte "Raus"!! 독일어로 "내가 '밖으로'라고 말했다"라는 뜻.

12 Septfonds. 프랑스 남서부의 타른에가론주(Tarn-et-Garonne州)에 속하는 코뮌.

13 Vosges. 프랑스 북동부의 주.

14 Belfort. 프랑스 동부의 테리투아르드벨포르주(Territoire de Belfort州)의 주도.

15 Fallingbostel. 독일 북서부에 있는 도시. 제2차 세계대전 때 이곳에 2개의 포로수용소(스탈라그 XI-B, 스탈라그 XI-D)가 건설되었다.

16 나치 친위대는 독일어로 슈츠슈타펠(schutzstaffel)이다. 약칭은 SS. 나치 당내 조직으로서 1925년에 히틀러의 개인 경호대로 창설되었다. 나치당이 정권을 획득한 1933년 후, 돌격대(SA)의 반당 분자 숙청에 큰 역할을 수행했고, 그 뒤 국내외 정보 수집과 첩보 활동을 맡았다. SS는 검은 제복에 해골 배지와 은 단검, 그리고 번갯불 모양의 룬 문자로 쓰인 'SS' 표장 등을 착용하고 다녔다.

17 Mateu. 마테우는 영어 이름 매튜(Matthew)의 카탈루냐식 이름이다. 히브리어 어원의 뜻은 '야훼의 선물'.

18 Totenkopf. 나치 친위대의 상징인 해골.

19 라인하르트 트리스탄 오이겐 하이드리히(Reinhard Tristan Eugen Heydrich, 1904~1942). 나치 독일의 국가보안본부 수장 및 보헤미아-모라바 보호령의 총독 대리를 지낸 인물로 1942년 6월 4일, 영국에서 훈련받은 체코슬로바키아 레지스탕스의 공격을 받고 사망했다. 하이드리히 사후 국가보안본부에 에른스트 칼텐브루너(Ernst Kaltenbrunner)가 후임으로 취임했다. 생전에 하이드리히는 '프라하의 도살자', '피에 젖은 사형집행인' 등의 별명으로 불렸다.

20 1941년 1월 2일, 당시 나치 독일의 국가보안본부 수장인 하이드리히는 25개에 달하는 강제수용소를 3개의 카테고리로 분류했다.

    1. 카테고리I 수용소: 개선 가능성이 있는 수감자들을 위한 수용소(다하우, 작센하우젠, 아우슈비츠).
    2. 카테고리II 수용소: 부담스럽지만 재교육 가능성이 있는 수감자들을 위한 수용소(부헨발트, 플로센뷔르크, 노엔가메, 비르케노).
    3. 카테고리III 수용소: 개선 가능성이 없는 수감자들을 위한 수용소(나츠바일러-슈트루토프, 마우트하우젠).

21 게오르크 바크마이어(Georg Bachmayer, 1913~1945)는 나치 독일의 친위대 대위(SS-Hauptsturmführer)로 마우트하우젠 수용소에서 근무했다. 잔인한 사디스트로 알려진 인물로 살인용으로 훈련된 개들을 끌고 다녔다. 이 개들은 바크마이어의 명령에 따라 공격 대상이 죽을 때까지 물어뜯는 것으로 유명했다. 마우트하우젠 수용소가 해방되자 아내와 두 아이들을 죽이고 자살했다.

22 Himmlerstrasse. 독일이로 힘러(Himmler)와 도로(Straße 또는 strasse)의 합성어.

23 프랑코는 스페인 내전 후 망명한 스페인 공화파 포로들을 스페인 사람으로 간주하지 않았다. 이런 입장이 히틀러에게 전달되었기에 이후 히틀러는 스페인 공화파 포로들을 '스페인 사람이지만 무국적자'라고 비아냥거리는 표현을 써서 분류했다.

24 'Ruhe! 독일어로 '정적', '고요'를 뜻한다.

25 '나는 프랑시스코입니다'의 독일어(Ich Bin Franz), 프랑스어(Je suis François), 영어(I am Frank), 카탈루냐어(Soc Francesc), 스페인어(Soy Francisco) 표현.

26 한스 슈파체네거(Hans Spatzenegge, 1900~1947). 나치 친위대 최고분대지도자로 마우트하우젠 수용소 화강암 채석장 담당 관리였다. 수용소 해방 후 다하우 재판에서 사형선고를 받고 처형되었다.

27 아우슈비츠(Auschwitz) 수용소. 폴란드의 아우슈비츠에 있던 나치 강제수용소. 1940년에 설립된 최대 규모의 강제수용소로, 대규모 가스실과 시체 처리 시설을 갖추었다. 1945년까지 대학살이 이루어져 최대 400만 명이 희생된 것으로 본다. 나치의 만행을 기억하기 위해 1979년에 유네스코에서 세계문화유산으로 지정했다.

28 Spaniaker. 독일군이 수용소의 스페인 포로를 부를 때 쓴 멸칭.

29 Barcelona. 스페인 동북부의 카탈루냐 지방에 있는 항구도시이자 카탈루냐의 중심 도시.

30 사회주의청년연합(Juventudes Socialistas Unificadas, 약칭 JSU)은 스페인공산당 산하 스페인공산주의청년유니온(UJCE)과 스페인사회주의노동자당(PSOE) 산하 청년사회주의자들의 병합으로 1936년 창설되었다. 스페인 내전 후, 대부분의 JSU 간부들은 국외로 추방되었고 스페인에 남은 사람들은 프랑코 정권의 억압을 받게 된다. JSU는 1961년 정식으로 해체되었다.

31 카탈루냐(Cataluña)는 스페인 북동부에 자리한 자치지역이다. 중심 도시는 바르셀로나. 프랑시스코 부아는 이 지역 출신이다. 카탈루냐는 스페인 내전 때 공화정을 지지한 대표적 지역이었다. 1939년 프랑코 정권이 수립된 이후에 공화정 지지자들은 투옥되거나 처형되었고 카탈루냐어도 공식석상에서 사용이 금지되었다. 1975년 프랑코의 사망과 함께 스페인의 민주주의 체제가 회복되면서 카탈루냐도 자치권을 되찾았다.

32 Rovira. 카탈루냐어 이름으로 '떡갈나무 숲'을 뜻하는 라틴어 로베레다(robereda)에서 파생한 것으로 본다.

33 안달루시아(Andalucía)는 스페인 서남부에 있는 곡창 지대로 오랫동안 아랍인이 지배했기 때문에 이슬람 유적이 많이 남아 있다. 유럽에서 겨울에 가장 온화한 곳으로 오렌지, 포도, 올리브, 사탕수수 등을 재배한다.

34 Gestapo. 나치 독일 정권의 비밀 국가 경찰. 독재 체제를 강화하기 위해 1933년 친위대 안에 창설되어, 공산주의자와 사회주의자의 탄압, 유대인의 추방과 학살 등을 통해 공포 분위

기를 조성하는 등 나치 체제의 확립을 목적으로 활동했다.

35 Moreno. 스페인계 이름으로 '그을린' 또는 '갈색'을 뜻함.

36 파울 릭켄(Paul Ricken, 1892~1964). 나치 독일의 친위대 대위(SS-Hauptsturmführer)로 마우트하우젠 강제수용소 에르켄눙스딘스트(Erkennungsdienst)의 책임자였다.

37 Jawohl, Oberscharführer. 독일어로 '네, 상급분대장님'이란 뜻.

38 Leica. 라이카 사진기. 라이카는 독일의 광학 기기 회사이자 카메라 제조사다. 1913년 세계 최초로 35mm 필름을 사용하는 카메라를 제작함으로써 현대 35mm 카메라의 기준을 제시했다. 1925년부터 지금까지 35mm 판형의 거리계 연동 카메라를 만들어오고 있다.

39 아리베르트 하임(Aribert Ferdinand Heim, 1914~1992)은 오스트리아의 의사이자 친위대 대위다. 마우트하우젠 강제수용소에 수용되었던 유대인의 심장에 직접 휘발유나 독을 주사하는 등, 인체실험을 감행하여 "죽음의 의사"로 불렸다. 전후부터 죽을 때까지 체포되지 않은 나치 전범 중 한 명으로 1962년 독일에서 도망친 이후 소식이 불투명했으나, 1992년 이집트 카이로에서 암으로 병사했다는 소식이 보도되었다.

40 에두아르트 크렙스바흐(Eduard Krebsbach, 1894~1947)는 독일의 의사이자 나치 친위대원으로 마우트하우젠 강제수용소에서 1941년 7월부터 1943년 8월까지 근무했다. 종전 후 다하우 법정에서 마우트하우젠 강제수용소에서 저지른 비인도적범죄로 교수형을 받고 처형되었다. 법정 심문 기록에 의하면, 수용소 포로들을 주사나 가스로 살해한 것에 대해 크렙스바흐는 자신은 명령에 따랐으며 자신이 한 일이 범죄라고 생각한 적이 없다고 진술했다.

41 Benito. 베니토는 스페인과 이탈리아의 남자 이름과 성. 라틴어 이름 베네딕트(Benedict)에서 유래했으며 '축복받은'을 뜻함.

42 Prisciliano. 스페인과 이탈리아의 남자 이름.

43 Josep. 히브리어 이름인 요셉에서 유래한 이름.

44 하인리히 힘러(Heinrich Himmler, 1900~1945)는 나치독일의 정치가. 나치의 친위대장, 게슈타포의 장관과 내무 장관을 지냈다. 유대인 학살의 최고 책임자로, 전쟁 말기에 연합군에게 붙잡히자 자살했다.

45 나치(Nazi), 또는 나치스(Nazis) 또는 나치당은 국가사회주의 독일 노동자당(Nationalsozialistische Deutsche Arbeiterpartei, 약칭 NSDAP)의 다른 이름들로 1919년부터 1945년까지 존재한 독일의 정당이다. 나치는 반유대주의, 반공주의, 반자유주의, 전체주의, 인종주의, 군국주의를 중점 정책으로 내세웠다. 제1차 세계대전의 평화협정인 베르사유 조약에 반대하면서 폭넓은 지지를 얻었으며, 이를 바탕으로 '아리아인', '게르만인', '독일인' 우월주의를 주장했다.

46 에른스트 칼텐브루너(Ernst Kaltenbrunner, 1903~1946). 오스트리아 출신으로 나치 독일 친위대 장성 겸 국가보안본부 본부장, 독일경찰청장을 지냈다. 전쟁 말기였던 1945년 4월에는 힘러로부터 남부유럽의 독일군 총사령관에 임명되었으나, 전황 악화로 인해 5월에 사령부를 베를린에서 오스트리아로 옮겨 은거하다가 미군에 의해 체포되었다. 뉘른베르크 공판에서 그는 범죄 사실에 대한 명백한 증거와 아우슈비츠 강제수용소 소장이었던 루돌프 회스의 증언에도 불구하고 혐의를 부인했으며, 심지어 진술서 등 관련 서류에 서명하기를 거부했다. 최종 판결에서 전쟁범죄와 반인도적범죄에 대한 죄가 인정되어 사형 판결을 받았고, 1946년 10월 교수형으로 처형되었다.

47 Russenlager. 독일어로 러시아인들(Russen)과 수용소(lager)의 합성어.

48 하르트하임성(Schloss Hartheim)은 17세기에 건축된 성으로 오스트리아 오버외스터라이히주에 있다. 제2차 세계대전 중 나치는 이 성에 처형센터를 두고 지적장애인들과 수용소 포로들을 대상으로 안락사를 집행했다. 수천 명에 달하는 다하우 수용소와 마우트하우젠 수용소의 포로가 이곳에 '보건 휴가'라는 명목으로 보내져 처형되었다.

49 Gusen. 구젠은 오스트리아 오버외스터라이히주의 강 이름으로, 강제수용소의 이름은 이 강 이름에서 따온 것이다. 구젠 강제수용소는 3개의 서로 다른 수용소로 구성되어 있다. 구젠 제1수용소는 마우트하우젠 쌍둥이 수용소다. 구젠 제2수용소와 제3수용소는 무기와 군수품 생산기지를 지하에 구축하기 위해 건설되었다. 마우트하우젠과 달리 구젠의 모든 수용소는 철도와 연결되어 있었다.

50 "마마" 포인트너("Mama" Pointner). 마마(mama)는 독일어, 스페인어에서 모두 '엄마'를 뜻한다.

51 1936년에 일어난 스페인 내전 때 공화파인 인민전선 정부를 돕기 위해 코민테른이 조직한 국제의용군. 스페인 내전에서 히틀러와 무솔리니의 지원을 받은 프랑코 군대에 맞서 싸웠다. 국제여단의 모병 소식에 파시즘으로부터 민주공화국을 지키기 위해 많은 나라의 의용군이 사원했다. 이들 중에는 공산주의자나 아나키스트뿐 아니라 윈스턴 처칠의 조카 에스먼드 로밀리와 같은 자유주의자도 많이 포함되어 있었다. 또한 헤밍웨이, 조지 오웰 등의 지식인들도 국제여단으로 참전했다.

52 Linz. 오스트리아 북쪽에 있는 상공업 도시. 도나우강이 시내를 흘러 예로부터 수륙 교통의 중심지 역할을 담당했다. 아돌프 히틀러는 유년기와 어린 시절을 이곳에서 보내고 초등학교 졸업 후 린츠의 직업학교에 입학했다. 말년의 히틀러는 린츠를 그의 진정한 고향으로 여겼다. 나치 최후의 수용소인 마우트하우젠-구젠 수용소 복합단지는 린츠 주위에 자리하고 있고, 마우트하우젠의 중심 수용소는 30킬로미터 정도밖에 떨어져 있지 않다.

53 카리브해 히스파니올라섬의 동부를 차지하는 공화국. 스페인, 프랑스의 식민지를 거쳐 1844년 독립했다가 1961년 스페인령이 되고 1965년에 다시 독립했다. 주요 언어는 스페인어다.

54 미겔(Miguel). 스페인과 포르투갈의 남자 이름. 히브리어 '미카엘'에서 유래했으며 '누가 하느님과 같은가'라는 뜻.

55 마누엘(Manuel). 스페인과 프랑스 등의 남자 이름. 히브리어 '임마누엘'에서 유래했으며 '신이 함께한다'라는 뜻.

56 헤수스(Jesús). 스페인 남자 이름. 아람어 '예수'에서 유래했다.

57 라파엘(Rafael). 스페인 남자 이름. 히브리어 '라파엘'에서 유래했으며 '신이 고쳐주신다'는 뜻.

58 Ravensbrück. 라벤스브뤼크 강제수용소는 독일 동부에 소재한 나치 강제수용소 중 하나인데 주로 여성을 수용하고 있었다. 총 12만 명 이상의 여성이 수용되어 그중 6만 명 이상이 사망한 것으로 추정된다.

59 여기서 제국은 제3제국(Drittes Reich), 즉 나치 통치하의 독일을 이르는 말이다. 1923년, 독일 작가이자 역사가인 아르투어 묄러 판 덴 브루크(Arthur Moeller van den Bruck)는 자신의 저술 《제3제국론》에서 신성로마제국과 독일제국의 정통성을 계승하는 제3의 제국 창설을 주창했다. 이후 제3제국은 나치당 기관지 등에서 독일을 가리키는 용어로 사용되었다.

60 작센하우젠(Sachsenhausen) 수용소. 독일의 오라니엔부르크(Oranienburg)에 있던 나치 강제수용소. 1936년에 세워져 1945년까지 20만 명 이상이 감금되었고, 그중 절반 이상이 목숨을 잃었다. 독일이 통일된 뒤, 나치의 참상을 반성하는 의미에서 박물관으로 이용했다.

61 부헨발트(Buchenwald) 수용소. 다하우 수용소와 작센하우젠 수용소를 보완하기 위하여, 1937년 독일의 바이마르 근교에 세운 나치 강제수용소. 이곳의 수감자들은 강제 노역과 생체실험으로 매달 수백 명씩 사망했다. 연합군에 의해 해방된 뒤에는 독일 죄수들이 수감되었다.

62 프란시스코 프랑코(Francisco Franco, 1892~1975). 스페인의 군인·정치가. 반정부 쿠데타를 일으켜 스페인 내전에서 승리하고, 1939년에 팔랑헤당의 일당 독재정권을 수립했다. 1947년에 국민투표로 종신 총통(總統)이 되었다.

63 뉘른베르크(Nürnberg) 재판. 제2차 세계대전 후 연합국이 뉘른베르크에서 독일의 주요 전쟁 범죄자를 처벌하기 위해 국제적으로 행한 군사재판소의 재판. 1945년 11월부터 10개월간 이뤄진 이 재판에서 기소된 24명 가운데 사형 12명을 포함한 19명이 유죄 판결을 받았다.

뉘른베르크는 독일의 바이에른주에 있는 상공업 도시다. 나치는 1927년부터 1938년까지 매년 뉘른베르크에서 전당대회를 열었는데, 나치 독일의 가장 큰 행사였다. 이를 통해 나치당의 지지율이 크게 올라 독일 전역을 나치로 물들일 수 있었다. 1935년 9월 15일 뉘른베르크 전당대회에서 발표된 일명 뉘른베르크법(Nürnberger Gesetze)은 나치 독일의 반유대주의 법으로 2개의 법률 〈독일인의 피와 명예를 지키기 위한 법률(Gesetz zum Schutze des deutschen Blutes und der deutschen Ehre)〉과 〈국가시민법(Reichsbürgergesetz)〉의 총칭이다. 유대인의 권리를 박탈한 법률로 악명이 높다.

64 마리-클로드 바이앙-쿠튀리에(Marie-Claude Vaillant-Couturier, 1912~1996). 프랑스 여성 정치인, 공산주의자, 레지스탕스 활동가. 1943년 레지스탕스 활동 중에 체포되어 폴

란드 아우슈비츠 강제수용소에 수감되었다가 독일 라벤스브뤼크 강제수용소로 이송된다. 해방 후 프랑스공산당 국회의원으로 선출되어 정치인으로 활동한다. 레지옹 도뇌르 훈장의 수훈자이며 프랑스 파리에 그녀의 이름을 딴 광장이 있다.

65 레지옹 도뇌르 훈장(Légion d'honneur). 1802년에 나폴레옹이 제정한 프랑스 최고 훈장. 루이 14세가 만든 생루이 훈장을 수정하여 만든 것이다. 지금도 프랑스에서 국가적인 공적이 있는 인물에게 대통령이 직접 수여하고 있다.

66 제프리 로런스(Geoffrey Lawrence, 1880~1971), 영국의 법률가, 정치인. 뉘른베르크 재판에서 영국의 수석판사로 공판을 주재했다.

67 Untermenschen. 독일어로 '열등 인간', '하급 인간'을 뜻한다. 나치가 아리아인이 아닌 유대인, 롬인(당시는 집시로 불림), 슬라브인, 세르비아인을 가리킬 때 쓴 용어로 흑인도 여기에 포함되었다.

68 샤를 뒤보스트(Charles Dubost, 1905~1991). 프랑스 법조인. 뉘른베르크 공판에서 검사였다.

69 〈기다릴게요(J'attendrai)〉는 이탈리아계 프랑스 가수인 리나 케티(Rina Ketty)가 부른 샹송으로 1938년에 발표되었다. 제2차 세계대전 내내 이 노래는 유럽 여러 나라에서 인기를 얻었다. 국내외적 분쟁의 시기에 헤어진 사람들이 영원한 기다림을 노래한 이 곡에 공감한 것으로 보인다.

70 상급집단지도자(Obergruppenführer). 나치당의 준군사 조직인 돌격대(SA)의 계급으로 1932년에 제정되었는데 친위대(SS)가 하인리히 힘러 휘하에서 성장과 확장을 거듭하면서 SS계급으로도 제정되었다. 1942년까지 친위대 국가지도자를 제외하면 SS의 최상위 계급이었다.

71 친위대 상급분대지도자(SS-Oberscharführer). 국방군의 상사 계급에 해당함.

72 절멸수용소(Extermination camp, Vernichtungslager)는 아우슈비츠 강제수용소를 비롯하여 6개의 강제수용소를 가리키는 말이다. 절멸수용소라는 명칭은 공식적으로 존재한 적이 없으나, 실제 역할에 있어서 다른 강제수용소와 구분된다. 대량학살을 목적으로 나치 독일이 제2차 세계대전 때 설립한 강제수용소의 일종이다. 이러한 수용소는 범죄 행위에 대해서 형벌을 주기 위한 장소가 아니라 전쟁 중 절멸 정책을 일괄 마무

리하는 곳이었다. 희생자의 사체는 통상 소각 처분 내지 집단묘지에 묻어 처리했다. 나치의 절멸 대상에는 주로 유럽의 유대인과 롬인, 그리고 소련군 포로나 동성애자, 때로는 폴란드인도 포함되었다.

73 포블레세크(Poble Sec). 스페인 바르셀로나 몬주익 인근에 있음. '건조한 마을'이라는 뜻.

74 바르톨로메우(Bartolomeu). 스페인 남자 이름. 아람어와 히브리어에서 유래했으며 '탈마이(Talmai)의 아들'이란 뜻. 같은 어원을 둔 포르투갈 남자 이름으로 바르텔레미(Barthélemy)가 있다.

75 안나(Anna). 히브리어에서 유래한 이름. 안나는 성경의 인물 '한나(Hannah)'의 변형으로, 한나는 '은혜' 또는 '은총'이라는 뜻이다.

76 홀리아(Júlia). 라틴어 이름 줄리오(Julio)와 줄리우스(Julius)의 여성형.

77 로사(Rosa). 스페인, 포르투갈, 이탈리아의 여자 이름. '장미(Rose)'에서 유래했다.

78 몬주익(Montjuic). 스페인 바르셀로나의 구도시와 항구가 내려다보이는 언덕.

79 오스카(Osca). 스페인 북동부 아라곤 지방의 도시. 스페인어로는 우에스카(Huesca)라고 한다.

80 그레고리오 로페스 라이문도(Gregorio López Raimundo, 1914~2007). 스페인의 공산주의 정치인, 작가. 1936년 카탈루냐의 JSU 창설을 함께한 인물이다.

81 보이스오버(voiceover). 티브이 또는 영화 등에서 화면에 모습을 보이지 않으면서 대사나 해설 등을 설명하는 목소리만 들리도록 하는 일.

82 안토니오 마차도(Antonio Machado, 1875~1939). 스페인의 시인. 스페인 내전 때 공화 정부를 지지했으며, 1939년 프랑스에 망명하여 그곳에서 죽었다. 작품에 《카스티야의 들》이 있다.

83 노게라(Noguera). 스페인 카탈루냐 지방 서쪽 레이다주(Lleida州)에 있는 지역.

84 제네바 협약(Conventions de Genève)은 스위스 제네

바에서 조인된 네 개의 조약으로 이루어진 협약이다. 1864년 처음 체결되었고, 1906년과 1929년 판에 중요한 개정을 거쳐 1949년 추가 개정되었다. 제네바 협약은 '전투의 범위 밖에 있는 자와 전투행위에 직접 참가하지 않은 자는 보호를 받아야 하고 존중되어야 하며, 인도적인 대우를 받지 않으면 안 된다' 라고 하는 도의상의 요청에 의거하여 부상병·조난자·포로·일반주민 등의 보호를 목적으로 하는 법규다.

85 세라노 수네르(Serrano Suñer, 1901~2003). 스페인 프랑코 정권 시기 최고위직의 정치인. 그는 1938년부터 1942년에 장관을 6번이나 했다. 젊은 날 파시즘에 경도된 친독파인 그는 히틀러가 패망하자 제2차 세계대전 후 정계에서 물러나 법조인으로 방향을 전환하여 변호사와 검사가 된다. 하지만 정계에서 물러난 뒤에도 라디오 방송사의 명예회장을 지내는 등, 정계에 있을 때 다져놓은 기반 위에서 언론과 프로파간다 분야의 영향력을 놓지 않았다. 2003년 거의 102세의 나이로 세상을 떠날 때까지 그는 현존하는 최후의 프랑코 정권 고위직 인사였다.

86 프랑코는 제2차 세계대전 중에는 스페인 내란 때 지원해준 독일과 동맹을 맺고 나치에 협력한다. 그는 여러 수용소를 지었고 반대파뿐만 아니라 망명한 유대인들까지 학살했다. 그러나 전세가 연합군 쪽으로 유리하게 되자 동맹을 끊고 연합군 쪽으로 전향했다. 따라서 그는 나치 협력자였으나 전후 전범으로 처벌받지 않았다.

87 스페인 내전 3년, 그리고 망명에서 제2차 세계대전 종전까지 6년을 합친 9년의 세월을 말한다.

88 스페인 공화파 망명객들이 대거 피신을 온 1939년 당시와 그 이후 프랑스는 제3공화국이 위기를 맞이하여 붕괴하는 시기였다. 프랑스의 15대 대통령 알베르 르브룅(Albert Lebrun)은 1939년 재선되었으나 1940년 7월 10일, 나치 독일의 프랑스 침공으로 대통령직에서 물러난다. 다음 날인 11일 친독일주의자인 페탱(Henri Pétain)이 프랑스의 국가원수가 되고, 프랑스 제3공화국은 실질적으로 막을 내린다. 페탱은 프랑스 남부의 비시(Vichy)에 나치 독일의 꼭두각시 정부를 세웠기에 이 시기의 정권을 비시정부, 비시 프랑스라 한다.

89 토트조직(Organisation Todt, 약칭 OT). 나치 독일의 군수탄약성 장관을 지낸 건축기술자인 프리츠 토트(Fritz Todt)가 나치 독일의 거대건설 프로젝트를 실현하기 위해 1938년에 만든 외국인 강제 노동 징발기구. 프랑스를 비롯한 유럽 각국

에서 토목공사와 공병대 작업 인력에 동원된 외국인 노동자들은 사보타주를 조직하며 저항했다.

90 앙굴렘(Angoulême). 프랑스 서부, 샤랑트주(Charente 州)의 주도로 제지 공업이 특히 발달한 곳이다. 로마 시대 이전부터 있었던 옛 도시로 앙구무아(Angoumois) 지방의 역사적인 중심 도시이며 12세기 로마네스크 양식의 대성당과 성이 있다. 또한 1974부터 이곳에서 매년 개최되는 앙굴렘 국제만화 페스티벌로 인해 전 세계 만화 애호가들의 메카로 불린다.

91 아우구스트 아이그루버(August Eigruber, 1907~1947). 오스트리아와 나치 독일의 정치인. 나치 당원. 제2차 세계대전 종전 후 독일 란스베르크 감옥에서 처형된다.

92 다하우 강제수용소(Konzentrationslager Dachau)는 독일에 최초로 개설된 나치 독일의 강제수용소다. 1933년 6월 남부 독일 다하우의 버려진 군수품 공장 대지에 개설된 이 수용소는 이후 나치 강제수용소의 원형이 된다. 1933년부터 1945년까지 유대인을 비롯해 반체제 인사, 이민자, 동성애자, 종교인 등이 수용되었다. 10년이 넘는 기간에 총 34개국 20만 명에 이르는 사람들이 수용되었고, 이 가운데 4만 명 이상이 강제노역, 생체실험, 영양실조, 질병 등으로 목숨을 잃었다.

93 죽음의 입욕(bain de la mort). 수용소 포로들 가운데 환자나 노동할 수 없는 자들을 대상으로 얼음물 샤워를 강제하여 동사에 이르게 한 것을 가리킨다.

94 치클론 B(Zyklon B)는 독일에서 만든 시안화계 화합물로, 원래 살충제로 쓰였으나 나중에 나치수용소에서 독가스로 사용되었다.

95 카리브디스(Charybdis). 그리스 신화에 나오는 바다 괴물. 가이아와 포세이돈의 딸이다. 바닷물을 모두 마시고 다시 뱉어내는데, 심한 폭풍이나 소용돌이를 일으켜 배에 타고 있던 선원들을 죽음으로 내몰았다.

96 스킬라(Scylla). 카리브디스와 함께 그리스 신화에 나오는 2대 바다 괴물. 포르키스(Phorkis)의 딸로, 머리는 여섯이고 하체는 뱀 모양인데, 메시나(Messina) 해협에 살면서 그곳을 지나는 뱃사람을 잡아먹다가 뒤에 헤라클레스의 손에 죽는다. 죽은 뒤에는 암초로 변해 항해자들을 괴롭혔다.

97 하나의 위험을 벗어나자마자 더 심각한 위기에 봉착할 때 쓰는 표현이다.

98 에벤지(Ebensee). 오스트리아의 에벤지 소재 나치 강제수용소. 마우트하우젠 강제수용소의 부속 수용소로 설계되었고 1943년 11월부터 1945년 5월까지 가동되었다.

99 멜크(Melk). 오스트리아의 멜크 소재 나치 강제수용소. 마우트하우젠 강제수용소의 부속 수용소의 하나로 1944년 4월부터 1945년 4월까지 가동되었다.

100 라우펜(Laufen)은 독일 바이에른주(Bayern州)에 있는 도시.

101 카를로스 그레이키(Carlos Greykey, 1913~1982). 스페인 바르셀로나 출신으로 그의 부모는 당시 스페인 식민지인 아프리카 적도기니공화국에서 스페인으로 이주한 사람들이었다. 대학에서 의학을 공부하던 그는 1936년 스페인 내전이 발발하자 공화파로 참전했고 이후 망명자들과 함께 프랑스로 피신했으나 결국 체포되어 마우트하우젠 강제수용소로 이송된다. 그곳의 유일한 흑인이었던 그에게 나치 친위대원들은 호텔 웨이터 의상을 입히고 식사 시중을 들게 했다. 종전 후 프랑코 정권의 탄압을 우려하여 스페인으로 귀환하지 못하고 프랑스로 망명했다. 1977년부터 적도기니공화국의 독재정권에 반대하는 그룹의 일원으로 활동한 그는 1982년 프랑스에서 사망했다.

102 스테판 그라보프스키(Stefan Grabowski, ?~1944). 마우트하우젠 강제수용소에 수감된 폴란드인 포로. 신원확인국의 일을 하던 중 여섯 번째 사본을 뽑아 은닉하는 일을 처음으로 시도한 인물이다. 1944년 11월에 자살한다.

103 뒤스부르크(Duisbourg). 독일 서부의 노르트라인베스트팔렌주(Nordrhein-Westfalen州)에 있는 상공업 도시. 라인강과 루르강이 합류하는 곳에 있는 유럽 최대의 내륙항으로, 철강·기계 공업이 발달했다.

104 오딘(Odin)은 북유럽 신화에 나오는 최고의 신이다. 본디 폭풍의 신이었으나 후에 군신(軍神), 농경(農耕)의 신, 사자(死者)의 신이 되었다.

105 북유럽 신화에서 군신으로서 오딘은 인간의 전쟁에도 관여하여 승리와 패배를 결정했다. 그는 전사들에게 광란이나 격노 등의 감정을 불어넣어서 전투를 하게끔 만들었다. 오딘의 전사들은 '베르세르크(곰의 가죽을 입은 자)' 또는 '울프헤딘(늑대의 모피를 입은 자)'이라고 불리는 망각 상태에 빠져 마치 곰이나 늑대가 된 것처럼 힘이 몇 배 강해지고 성격도 난폭하게

변해 적에게 무차별 공격을 가했다.

106 Association nazie des enseignants.

107 Kraftfahrkorps. 독일어 Kraftfahr(차량)과 korps(군軍)의 합성어.

108 빈(Wien)은 중부유럽, 도나우강 연안에 있는 도시로 제1차 세계대전 후 오스트리아의 수도가 되었다. 1938년 독일이 오스트리아를 병합한 뒤 제2차 세계대전 시기에는 독일군이 이곳에 주둔했다.

109 토이토부르크 숲(Teutoburger Wald)은 독일 니더작센주(Niedersachsen州)와 노르트라인베스트팔렌주에 있는 낮고 울창한 숲이다. 서기 9년에, 게르만인 연합군과 로마군 사이에 벌어진 전투인 '토이토부르크 숲의 싸움'의 현장으로 알려져 있다. 이 전투에서 로마군이 크게 패함으로써 로마 황제 아우구스투스는 게르마니아 공략을 단념한다.

110 파울 릭켄은 마우트하우젠 수용소에서 오버샤르퓌러(Oberscharführer), 즉 상급분대지도자 계급이었다. 라이프니츠로 전근될 무렵에는 하웁트샤르퓌러(Hauptscharführer), 즉 최고분대지도자 계급으로 승진했다.

111 라이프니츠(Leibnitz). 오스트리아 동남부 슈타이어마르크주(Steiermark州)에 자리한 도시.

112 페가우(Peggau). 오스트리아 동남부 슈타이어마르크주에 자리한 도시.

113 노동자 농민의 붉은 군대, 약칭 붉은 군대(Красная Армия)는 1946년 2월 25일 이전까지 소련의 정식 군대다. 1946년 2월 25일 소비에트군(蘇聯軍)으로 개칭되었다.

114 빌레펠트(Bielefeld). 독일 서부 노르트라인베스트팔렌주에 있는 도시.

115 레클링하우젠(Recklinghausen). 노르트라인베스트팔렌주에 있는 도시.

116 뒤셀도르프(Düsseldorf). 노르트라인베스트팔렌주의 주도. 라인강 동쪽 연안에 있는 항구 도시로, 철강·화학 등의 중화학 공업이 발달했고 오페라와 연극 같은 문화 활동이 활발하다.

117 카를 슐츠(Karl Schulz, 1907~1972). 제2차 세계대전 중 공군 장군을 지낸 인물.

118 마리아노 콘스탄테(Mariano Constante, 1920~2010). 스페인 출신 작가. 프랑시스코 부아와 같은 시기에 마우트하우젠 수용소에 있었던 인물로, 제2차 세계대전 후 프랑스로 망명해 주로 전쟁 중 나치 강제수용소에 있었던 스페인 공화파 포로들의 경험담을 소재로 글을 썼다.

119 슈츠하프트라거퓌러(Schutzhaftlagerführer)는 SS해골부대의 나치 강제수용소와 절멸수용소에 특화된 나치 친위대의 준군사적 계급으로 수용소의 경제 기능을 담당했다. 슈츠하프트라거퓌러는 포로들을 일상적으로 관리·감독하는 데 막강한 권한을 가지고 수용소의 질서, 청결, 처벌에 대한 책임을 졌다. 그의 직속상관은 수용소 소장이다.

120 '무장한 흉악범 무리'를 가리키는 말.

121 영어로 '벼락', '번개'를 뜻함.

122 안도라(Andorra). 프랑스와 스페인의 국경지대, 피레네 산맥 가운데 있는 작은 내륙국. 관광업이 주요 산업이며, 주민은 카탈루냐인이 많고 주요 언어는 카탈루냐어와 프랑스어, 스페인어다. 수도는 안도라라베야.

123 스페인어로 '마우트하우젠 및 다른 수용소 친우회'라는 뜻.

124 《뤼마니테(L'Humanité)》. 프랑스어로 '인류애'라는 뜻. 1904년 사회주의자 장 조레스에 의해 창간된 프랑스 일간지. 1920년까지 사회주의 일간지였고 이후 공산주의 일간지로 현재까지 발행되고 있다.

125 《르가르(Regards)》. 프랑스어로 '시선'이라는 뜻. 1932년 창간된 프랑스 좌파 정기간행물. 현재까지 발행되고 있다.

126 《스수아르(Ce soir)》. 프랑스어로 '오늘 저녁'을 뜻함. 프랑스공산당에 의해 1937년 창간된 프랑스 석간신문 이름. 1953년 폐간되었다.

127 굴라크(Gulag). 1930~1955년 소련에 있던 강제수용소. 소련의 강제수용소는 러시아 혁명 이후 내전 시기에 설치되었고, 1929~1930년 이후의 농업 집단화와 1930년대 후반의 대숙청 이후 규모가 커졌다.

128 인민전선(Front populaire)은 파시즘과 전쟁에 반대하는 여러 정당이나 단체의 광범위한 공동 전선이다. 프랑스에서는 3개 주요 좌파 정당인 프랑스공산당, 급진주의정당, 그리고 노동자인터내셔널 프랑스지부(SFIO)가 연합하여 1936년부터 1938년까지 정권을 잡았다.

129 페르라셰즈 묘지(Cimetière du Père-Lachaise) 또는 페르라셰즈 공동묘지는 파리 시에서 가장 규모가 크다. 파리 20구 안에 있으며 최초의 정원식 공동묘지이자 최초의 지방자치적 공동묘지로 알려져 있다.

130 알베르트 슈페어(Albert Speer, 1905~1981). 독일의 정치가이자 건축가. 슈페어는 히틀러의 측근으로 나치 독일의 군수장관을 지냈으며, 후에 뉘른베르크 재판에 전범으로 회부되었고, 20년 복역 후 석방되었다. 자신의 과오와 책임을 시인하고 사죄한 연유로 나치 고위직 인물이었으나 사형 집행을 면했다.

131 프랑스어 지명은 르파들라카즈(Le Pas de la Case), 카탈루냐어 지명은 엘파스델라카사(El Pas de la Casa). 안도라공국의 행정구역에 있는 지역으로 프랑스와 안도라의 국경지대이며 두 나라 사이의 유일한 도로 통과 지점이다.

132 로버트 카파(Robert Capa, 1913~1954). 헝가리계 유대인이자 미국인 사진작가. 세계적인 사진 에이전시 '매그넘 포토스'의 공동설립자이며 20세기의 유명한 전쟁보도 사진작가다. 베트남에서 취재 중 지뢰를 밟아 사망했다.

133 멕시코 가방(Valise mexicaine)에는 스페인 내전 당시 로버트 카파가 촬영한 4500 컷의 사진 필름이 들어 있었다. 1939년에 파리에서 분실되었다가 1990년대 멕시코에서 기적적으로 발견되었다.

134 〈나에게 편지를 쓰고 싶다면〉(프랑스어 Si tu veux m'écrire; 스페인어로는 Si me quieres escribir)은 스페인 내전 당시 공화파와 국제여단 병사들이 애창한 스페인 대중가요다.

135 티에의 파리 공동묘지(Cimetière parisien de Thiais). 파리 남동쪽 발드마른주(Val-de-Marne州)의 티에 코뮌에 소재한 공동묘지다.

136 쇼아(Shoah)는 홀로코스트의 히브리어 표현이다. 홀로코스트(Holocaust)는 그리스어 hólos(전체)+kaustós(타다)에서 유래한 말로 제2차 세계대전 중 아돌프 히틀러가 이끈 나치당이 독일제국과 독일군 점령지 전반에 걸쳐 계획적으로 유대인과 슬라브족, 집시, 동성애자, 장애인, 정치범 등 약 1100만 명의 민간인과 전쟁포로를 학살한 사건을 가리킨다. 사망자 중 유대인은 약 600만 명으로, 그 당시 유럽에 거주하던 900만 명의 유대인 중 약 3분의 2에 해당한다. 홀로코스트의 사망자들은 독일 전역과 독일 점령지의 4만여 개의 시설에 집단 수용되고 구금되어 여러 수단과 방식으로 죽임을 당했다.

그림 페드로 J. 콜롬보(Pedro J. COLOMBO)

페드로 콜롬보는 1978년 스페인 그라노예르스(Granollers)에서 태어났다. 어릴 적 만화 주인공인 스파이더맨(Spider–Man)이 되기를 꿈꾸었으나 그것이 불가능한 것임을 깨달은 뒤 자신의 영웅과 최대한 가까운 것(만화)에 일생을 바치기로 결심했다.

1998~2000년 바르셀로나의 호소 만화 학교(École de bande déssinée Joso)에서 제9의 예술의 역사와 자신이 그릴 만화의 기본을 공부했다. 동료와 만화가 친구들의 우정과 자기초월의 경향에 힘입어 프랑스의 만화 전문 출판사인 다르고(Dargaud)의 시리즈물인 《셋...그리고 천사(Trois...et l'ange)》 세 권을 그리는 것을 비롯하여 다양한 합작품을 발표함으로써 프랑스와 벨기에를 중심으로 국제적인 경력을 다져왔다.

2001년에 배우자이자 자신의 채색 전담이 될 아인차네(Aintzane)를 만났고, 현재 두 사람은 빌바오(Bilbao)에서 살고 있다. 시나리오작가인 살바 루비오와 함께 롱바르 출판사에서 《마우트하우젠의 사진사》를 출간했다.

채색 아인차네 란다(Aintzane Landa)

아인차네 란다는 1980년 스페인 바라칼도(Barakaldo)에서 태어났다. 배우자인 만화가 페드로 콜롬보가 그린 작품의 채색을 맡고 있다.

유럽에서 명작 만화인 《마팔다(Mafalda)》, 《탱탱(Tintin)》, 《아스테릭스(Astérix)》를 보며 자랐고, 지금도 손에 잡히는 작품들이면 죄다 읽는다.

그라나다(Granada)에서 페드로와 정착하면서 채색 작업을 시작했는데, 그 일이 적성에 맞는다는 것을 깨달았다. 벨기에와 프랑스 출판사의 만화 시리즈물 채색을 다수 담당했으며, 페드로 곁에서 《마우트하우젠의 사진사》 채색 작업을 했다.

현재 페드로와 함께 빌바오에 살고 있으며, 여가를 이용해 아미구루미, 수첩, 레터링, 스크랩북 등을 만든다.

글 살바 루비오(Salva Rubio)

살바 루비오는 1978년 스페인 마드리드(Madrid)에서 태어났다. 시나리오작가, 작가, 역사가다.

역사물 기획이 전문으로, 스페인작가출판협회(SGAE)가 수여하는 권위 있는 상 'Julio Alejandro'의 결승전에 진출하기도 했다. 시나리오작가로 활동하며 많은 상을 받았으며, 2010년에는 그의 단편영화 중 하나가 스페인 세자르상에 해당하는 고야상(los Premios Goya) 예선에 진출했다.

마드리드 카를로스 Ⅲ 대학에서 영화와 텔레비전 시나리오학 석사학위를 받았으며, 단편영화뿐 아니라 장편 애니메이션 〈딥(Deep)〉(2017) 등 스페인 소재 영화제작사의 다양한 기획에 참여했다. 작가로서 다양한 창작물과 각색 작품을 발표했으며 서사에 대한 강의도 한다.

《마우트하우젠의 사진사》는 《모네, 빛의 노마드(Monet, Nomade de la lumière)》에 이어 만화 시나리오작가로서 두 번째로 출간한 그래픽노블이다. 아마추어 화가이자 삽화가이며 여가를 이용해 재즈 트럼펫 연주를 한다.
www.salvarubio.info

옮김 문박엘리

서울에서 자라 학교를 다녔으며 대학 졸업 후 프랑스 파리에서 유학했다. 철학과 언어학을 공부했으며 일반회사와 시민사회단체에서 일했다. 인간과 자연과 우주 만물의 연계에 대해 관심이 많으며, 옮긴 책으로 《프랑스 아이의 과학 공부》, 《생물의 다양성》이 있다.

만든 이들

스탈린의 죽음

파비앵 뉘리·티에리 로뱅 지음 | 김지성·김미정 옮김 | 18,000원

스탈린이 쓰러지고 난 뒤 장례식과 그 이후의 권력 다툼을 함축적 언어와 강렬한 색채, 온갖 음모에 둘러싸인 그로테스크한 분위기, 욕망에 사로잡힌 인물들과 겁에 질린 얼굴들로 표현하며 개성 넘치는 캐리커처로 드러냈다.

세상에서 가장 먼 학교 가는 길

르노 가레타·마리-클레르 자부아 지음 | 김미정 옮김 | 12,000원

히말라야를 넘어 학교가 있는 카트만두까지 초등학생 다섯 명이 걸어가는 9일간의 여정을 담았다. 눈보라를 헤치고 배움의 터전으로 향하는 아이들의 모습에서 우리에게 주어진 교육의 기회가 얼마나 큰 축복인지 깨닫게 된다.

잭 런던

코자 지음 | 김미정 옮김 | 18,000원

1907년 4월부터 1909년 3월까지 샌프란시스코에서 시드니까지 범선을 타고 아내와 세계일주를 떠난 잭 런던의 자전적 여행기. 노동자, 혁명가, 탐험가이자 소설가였던 그의 다층적 삶을 몽환적이고 강렬한 색채로 담아냈다.

생물의 다양성

위베르 리브스·넬리 부티노 글 | 다니엘 카자나브 그림
문박엘리 옮김 | 12,000원

우리가 매일 바라보는 아름다운 자연은 생물의 다양성이 빚어내는 결과이다. 수중과 지상, 도처에 있는 식물, 동물을 포함해 모든 생명체가 유기적인 관계를 맺고 상호작용하고 있기에 풍요로운 생태계가 유지된다.